ニッポン最暗黒労働事情

外国人実習生

【SNS相談室】より

刊行によせて

国際的労働移動時代の必須アイテム

和光大学教授・ジャーナリスト　竹信三恵子

グローバル化の中で、労働者の国境を越えた移動が急展開している。企業がもっとも利益を上げやすい場所で生産し、販売するというグローバルなサプライチェーンの要請に従って、その末端に位置する労働者の国際移動も活発にならざるを得ないからだ。だが、働き手の労働権を支えるために不可欠な労働相談は、この変化に追い付けないままだ。多様な言語の壁を乗り越えて働き手を支えるために、私たちはどうすればいいのか。そんな悩みを、ＳＮＳを駆使して打開する試みが生まれている。本書のテーマであるフェイスブックによる「外国人実習生相談室」だ。

ＳＮＳで三重苦を打開

日本のマスメディアの労働報道で、もっとももどかしいものの一つが、外国人実習生報道だろう。「日本のすぐれた技術」を学びたいと意欲を持って来日した外国の若者たちの奮闘ぶりや、これを励まし支える温かい受け入れ先企業、というほほえましい美談は伝えられても、実習生が強いられている底辺労働者としての過酷さを伝える報道は少ない。その理由のひとつは、彼らが声を発することのできる手段があまりに限られているからだ。

家族や友人から離れた異国での労働で、頼れるのは雇い主だけだ。そんな中で入ってくる情報は雇い主経由にならざるをえない。英語だけでなく、中国語、ベトナム語、ミャンマー語、タガログ語、といった多様な言語による相談態勢も必要だが、これに対応できる人材は限られている。さらに、労働問題の専門家が相談にあたらないと働く場での問題解決は難しい。まさに三重苦だ。

雇用主の壁を突破でき、多様な言語に精通した労働問題専門家で、しかもボランティア。そんな人、一体どこにいるの？　という絶望的な局面を打開したのが、フェイスブックを通じた「外国人実習生相談室」だった。

実習生から相談が入ると、フェイスブックの「相談室」に友達申請してもらい、ここに自国の言語で相談を投稿する。その投稿を、ベトナム語、タガログ語などができる支援者たちが、それぞれ、仕事の合間や帰宅後の空いた時間で日本語に翻訳し、投稿する。日本国内だけでなく、相談者の出身国にいる日本語のできる人々にボランティアにも協力を依頼できるのがＳＮＳの強みだ。

日本人の労組関係者のボランティアが、こうして相談の日本語訳投稿を読んで支援に乗り出し、その結果をフェイスブックに投稿すると、それがまた日本語に訳されて投稿され、相談者に届く。日本人に対する労働相談とほぼ同様のスピード感で相談ごとに対応できるのが強みだ。

職場外に持ち出された過酷な実態

こうして、外からはなかなか見えない外国人実習生の実態が、職場の外に持ち出されるようになっていった。

そのひとつが、高額な家賃やエアコンなどの設備使用料、職場で使う道具代の賃金からの差し引きだ。外国人研修生が、研修であることを理由に時給300円など最低賃金を下回る低賃金で働かされる例の横行に批判が高まり、2010年、研修生は労働権のある実習生とし、労働基準法などが適用されるよう制度改正された。代わりに生まれたのが、最低賃金を守った名目的な賃金から、多額の家賃などを控除し、実質的には最低賃金以下で働かせるという手法だ。二段ベッドの5人部屋の寮で、一人月4万円もの家賃を取られていた例や、カーテンで仕切ったベッドだけの空間に一人月3万円もの家賃を取っている例まであった。

ほかにも、長時間働かせて休日割増も残業代も払わない、休憩時間を無給にする、けがをしても労災保険の適用もせずに強制帰国させる、といった国際的使い捨て労働ともいえる状況が相談から見えてきた。

外国人労働者解禁時代の必須アイテム

見えてきたのはそれだけではなかった。法務省・厚労省の冷淡さだ。技能実習制度では、食費や家賃を賃金から控除する場合、労基法にのっとった労使協定の締結が必要であり、控除額は実費を超えてはならないと書いてある。フェイスブックへの相談をもとに労基署に申告すると、寮費についての契約書類があることや労基法に金額の定めがないことを挙げて違反とは言えないと回答された。入管でも「きれいなところでお金がかかっている」というだけで、不正にはならないとされた。

紙に書かれた制度がいくらあっても、労働条件は良くならない。立場の弱い働き手が、労組の支えによって使用者側や行政などと対等に交渉できて初めて、書かれたものは実行される。それが労働問題の基本だ。外国人であるためにそうした権利から外される事態が放置され続ければ、やがては、「安く使える労働者はいくらでもいる」として、日本人労働者の労働条件引き下げへとつながっていくだろう。アベノミクスによる介護実習生、外国人家事支援人材など多様な外国人労働力の解禁がなし崩しに始まろうとしている今、そうした事態への切迫度は一段と増している。

そんな国際的労働移動時代を生きる私たちの必須アイテムとして、本書の一読をすべての働き手に勧めたい。

プロローグ　『トヨタの足元で』から10年

２００７年5月、トヨタ自動車の下請企業で働く外国人研修生（当時）が愛労連に助けを求めてきてから今年で10年となりました。当時の研修生には労働基準法が適用されず、「時給３００円、４００円」という宣伝で、単価の引き下げに苦しむ下請会社に研修生がたくさん使われるようになりました。そのなかで強制貯金やパスポート取り上げなどの人権侵害が相次ぎ、愛労連には毎週のように研修生からの相談が入りました。この実態を本にしたのが『トヨタの足元で』（風媒社、２００８年11月刊）です。

その後２０１０年に制度が改正され、このようなひどい低賃金は時々ニュースになる程度で愛知県ではあまり聞かれなくなりました。持ち込まれる事件数も年に10件以下に減ってきました。そんななかで一昨年（２０１５年）、ベトナム人実習生が気仙沼の建設現場から逃げてくるなど新たな問題が起き、フェイスブックを使っての相談活動が始まりました。

２０１６年6月、そこに書き込まれた投稿は「時給４００円、毎日10時まで残業、正月以外休みはない」というものでした。岐阜アパレル業界のベトナム人実習生からでした。しかも関係者が口をそろえて、「岐阜の縫製業はみんなこんなものですよ」と言います。いったい何が起きているのでしょうか。

■外国人実習生「SNS相談室」より　目次

第2章　仕事が違う、クミアイが違う…——ベトナム人実習生相談室—— 51

外国人技能実習制度の仕組み
（新制度で監督機関「外国人技能実習機構」を設置）

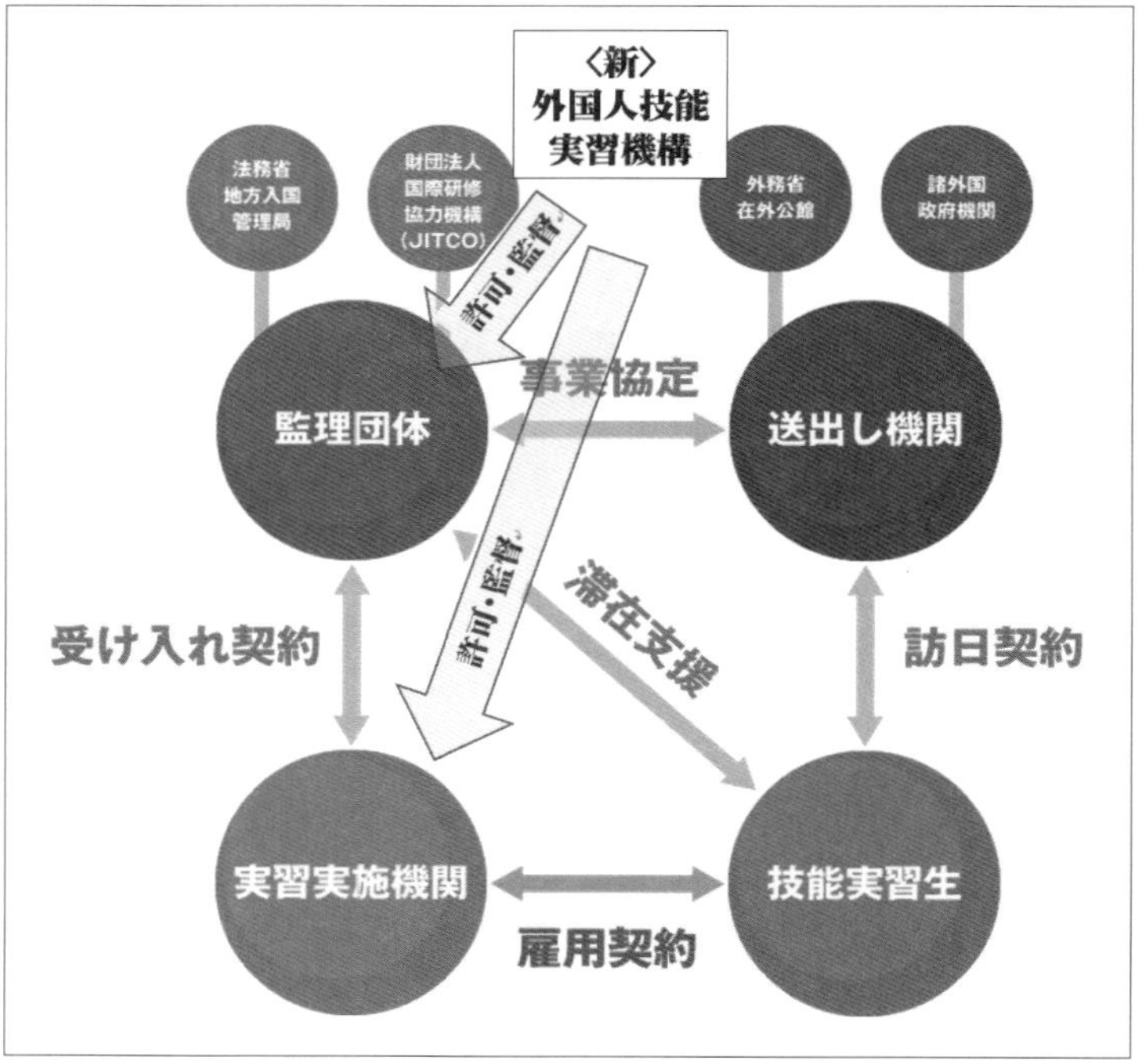

「外国人技能実習制度」には「企業単独」型と「団体監理」型があり、中小企業の多くが団体監理型で実習生を受け入れている。**受入企業（実習実施機関）**は**監理団体**（協同組合などの非営利組織）を通じて、海外の**送出し機関**から実習生の紹介を受けて雇用契約を結ぶことになる。

　実習生は海外の送出し機関及び日本の監理団体で必要な教育・講習を受けた後、企業に配属される。企業では日本の労働法が適用されるほか、実習制度「指針」を守ることが求められる。

　しかし多くが届出だけで済むため不正があっても入国管理局や労働基準監督署の監督では間にあわず、また仲介者・ブローカーが介在して「利益」をあげているが罰則がない。そのため「新法」では受入を許可制とし新たに**監督機関（＝外国人技能実習機構）**を設けた。

第1章　家賃4万円ボッタクリ事件
―フィリピン人実習生相談室―

筆者は愛労連（愛知県労働組合総連合）という労働団体で議長をしています。日頃は会議や他団体との調整に忙殺されながら、たまったメール労働相談に回答しています。

愛知県は全国で最も外国人労働者が多く、愛労連の加盟組合にも数百人の外国人組合員が加入していますが、制度や通訳の問題もあってベトナム人、フィリピン人実習生を私が担当しています。

2015年2月の愛知県知事選挙、春闘が一段落し、メーデーの片付けを終えたころ、フィリピン人実習生のミリアムさんが相談に来ました。

2015・5・1

2015年メーデーのこの日にフィリピン人実習生が相談に来た。驚くことに1部屋に5人で家賃が4万円もするという。これまでにも5人部屋はあったが4万円はあまりにひどい。実習制度では家賃は「実費を超えてはならない」とされている。「すぐに解決するだろう」と思ったのがこの事件の始まりだった。

※フェイスブックの投稿をそのまま掲載しています。誤字などは一部修正したところがあります。ブログ記事も同様です。

二段ベッドで家賃4万円!!

いったいどんなところ

2010年の制度改正で〈研修生〉が〈実習生〉になり、1年目から最低賃金などの労働法が適用されるようになりました。実態はともかく、表向きは「外国人研修生(当時)を時給400円、500円で使えますよ」という宣伝はできなくなりました。すると、家賃などの名目で監理費分を穴埋めする会社が増えてきました。家賃3万円という会社があることは知っていましたが、この寮は5人部屋に二段ベッドで1人4万円。いくらなんでもひどすぎます。「これはなんとかしなくては」と思いました。

会社は愛知県北部、小牧ICのそばにある電子部品メーカーです。寮は会社とは離れた北名

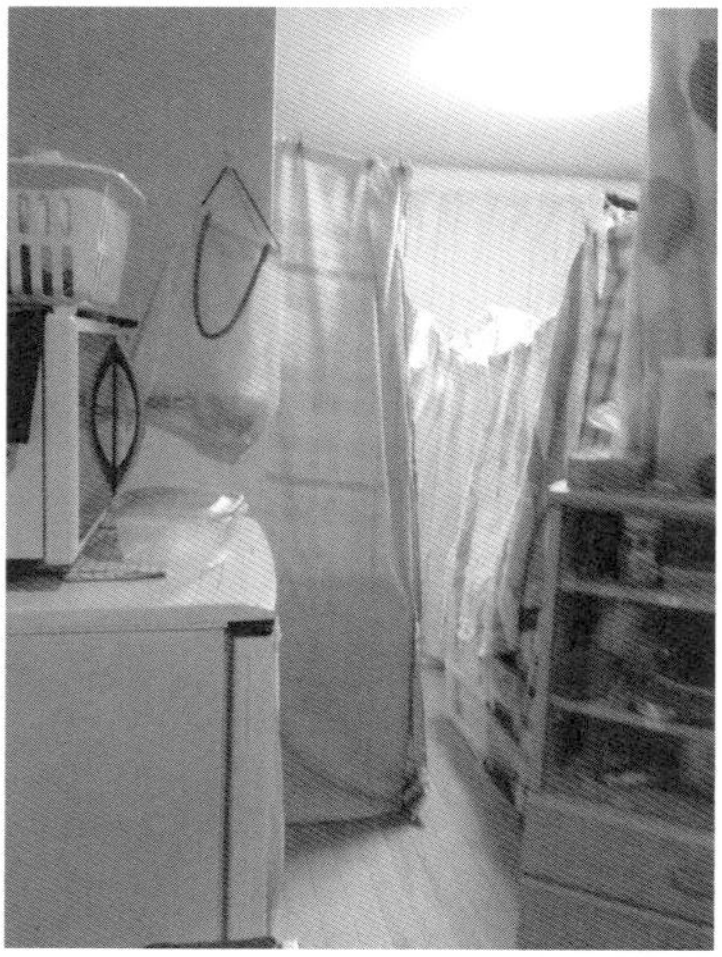

カーテンで区切られただけの居室（旧寮）

古屋市にありました。実習生たちは、ここから会社の車に乗せてもらい出勤します。２０１３年２月に配属され、最初に入居したのは古い一軒家でした。そこに９人で暮らしました。カギが一つしかなく、許可なしには外出もできなかったそうです。当時の家賃は３万円でした。

２０１３年11月、この場所に新しい寮を建設することになったため、実習生たちは近くにある一軒家の２階（旧寮）に移りました。ここは２階が１ＤＫ２部屋の賃貸アパートになっていました。２部屋を４人と５人で使い、自分のスペースはカーテンで区切られたベッドだけでした。１階には社長の親族が住んでいました。

一軒家の２階に２部屋（旧寮）

それぞれが１ＤＫタイプでバス・トイレに小さな流しがあり、共通の冷蔵庫が１台。実習生たちは、それぞれ炊飯器でご飯を炊き、たった１台の電磁調理器でおかずを作ります。カーテンで仕切られたベッドだけが個人の空間です。これで家賃は１人３万円でした。

2014年7月に現在の新寮（鉄筋3階建て）が完成しました。3階は4人部屋と5人部屋、そして新しい実習生が入る9人部屋の3室です。二段ベッドで個人のスペースはベッドとクロークだけです。2階は27人で使う共通のリビングとキッチン、食堂になっています。さらに2015年秋からは、新たに9人の実習生が1階の居室に入りました。

新寮は、最初に入った一軒家と隣地の2軒分の敷地に建っています。床面積からすると建築費は8000万円程度と思われます。建物のあちこちに監視カメラがあり、セキュリティにもお金をかけていました。驚いたのはその隣にある社長の豪邸で、敷地4軒分で要塞を思わせる異様な建物でした。確かに新築できれいな寮にはなりましたが、家賃が月4万円に引き上げられました。それでたまらず相談に来たのです。

実習制度では

技能実習制度では、「食費や寮費等を賃金から控除する場合には、労働基準法にのっとった労使協定の締結が必要であり、控除する額は実費を超えてはなりません」とされています。賃貸アパートの場合には賃料や諸経費が明確ですが、この例のように会社が所有している場合には「実費」がわかりません。

そこでこの「実費」についてＪＩＴＣＯ（財団法人国際研修協力機構）は、

a　宿舎費の額は、近隣の同等程度のアパート等の相場を超えてはならない。
b　宿舎費の額、内訳及び計算方法について技能実習生本人に十分説明し理解を得る。
c　一戸の住宅を複数の技能実習生に貸与している場合の1人当たりの宿舎費の額は、所定の賃貸料を人数で除した額を超えてはならない。

としています。

労基署と入管に申告、ところが……

ちなみに近所の賃貸住宅の家賃は2LDKで7万円程度です。いくら何でもこれは高すぎます。そこで名古屋のフィリピン人支援組織（FMC）に協力していただき、申告書を書いて、もう1人の友達と一緒に労働基準監督署（労基署）出すことにしました。

労働基準法での寮費天引きの時効は2年ありますから、2013年11月からのアパートで月額3万円払った分も含めて労基署に「申告」しました。申告しておけば時効になりません。

名古屋北労基署は、会社と本人から事情聴取を行いました。しかし寮費については契約書類があることと、「労働基準法には金額の定めがないので、違反とは言えない」とされました。

名古屋入国管理局も現地を調査しましたが、「とてもきれいなところでお金がかかっている」というだけで不正とはしませんでした。

組合と会社のイジメに負けずに

申告書を出したことで、実習生のミリアムさんは受入機関と会社に呼び出されました。一緒にサインした友達は会社に脅されて訴えを撤回、ミリアムさんは、「いやなら寮を出て行け」と言われ、挙げ句の果てに「愛労連は金が目的の営利団体」と言われました。

しかし、ここで寮を出たら強制帰国の口実にされかねません。そんななか、私のフェイスブックの投稿で事件を知った友人たちが応援してくれました。英語のメールや録音を翻訳して証拠を作成し、素早く反撃したことで、ミリアムさんを安心させることができました。

労働基準法違反申告書

申告人□

(名前) → OCAMP□MIRAM□BALENA

(住所) 北名古屋市[redacted]

違反者□□□□[redacted]電装株式会社

(住所) 小牧市[redacted]

申告人は、[redacted]電装株式会社（以下会社という）に対して労働基準法第 94 条に反する事実があるので労働基準法第 104 条に基づき申告する。

2015 年 7 月□□日

名古屋北労働基準監督署□御中

一. 違反者の概要

□違反者は、右肩書地において電子部品の製造等を行う会社である。

二. 申告人の職務

申告人は、2013 年 2 月 26 日同社に技能実習生として雇用され今日同社に雇用されている。

申立人の賃金は概ね月 14 万 5 千円である。

三. 労働基準法違反の事実

名古屋北労働基準監督署に申告（告発）

2015・6・27　9：21

私が寝ている間にイリさんが翻訳してくれた。ありがとう＊\(^o^)/＊
英語もできない私が外国人支援をできるのは、こんな友人がいるからです。
それにしても私のことを「営利団体」とは許せない。社長の豪邸は近所の４軒分の敷地。この向こうに2軒分の敷地に実習生の寮がワンフロアに二段ベッドで18人、もうすぐ27人に。１人４万円の寮費で月１０８万円の収入。年間で１２９６万円。どちらが営利団体じゃ(*｀へ´*)

○○電装の不当労働行為……フェイスブックページ「外国人実習生支援」より

ついに愛労連が営利団体にされちまった。

(会社)「労働組合に入っているのか。榑松《くれまつ》がやっていることを知っているのか。ホームページを見たか。あれは実名で会社の名誉を傷つけている。その認識はあるのか。今後ユニオンに入会する意思はあるのか」「毎月いくらか聞いたか」

(ミリアムさん)「聞いてない」

(会社)「死ぬまで払うってことは知ってるか。フィリピンに帰ってからもとられる」「家賃４万が２万になってもユニオンがキックバックをとる。数十％は持っていかれる。彼らの目的はそれだ。ボランティアなんかじゃない。営利団体だ。会社をいじめて、勘弁してと言って払う金が資金源だ」「ユニオンの勧誘行動があれば違法なので、他の技能実習生を勧誘しないように」

（ミリアムさん）「ユニオンへの勧誘はしていない。寮費について高いと思うかどうかを聞いただけ」

6・27　11：28

地元の共産党市議がすぐに調べてくれました。実習生たちが以前2階に住んでいた一軒家の持ち主は社長の母親と言われていました。1階も借家になっていることや不動産業者から地域の事情を聞いてもらいました。

6・28　22：18

支援しているフィリピン人実習生からメールが来ました。頑張れ〜！

Dear Kurematsusan, Yoroshiku onegaishimasu！ Ganbaremasu！　M

外泊禁止・許可制は人権侵害

ミリアムさんは友達と東京に遊びに行こうとしましたが、一泊旅行は許可されませんでした。クリスマス・年末休暇を日本にいる兄弟と過ごしたいと言っても認められません。寮には女子寮規則が張られており、外泊は禁止されていました。

しかし労働基準法の寄宿舎規則では、「私生活の自由を侵してはならない」として「外出または外泊について使用者の承認を受けさせること」を禁じています（寄則4条）。

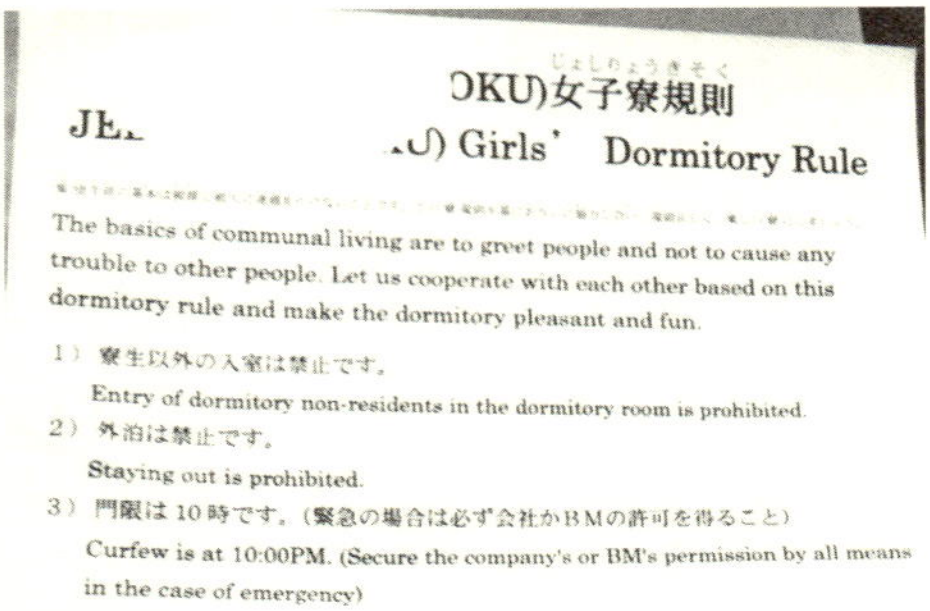

寮規則で外泊は禁止

また、日本の外国人実習制度はアメリカから毎年「人権侵害がある」と指摘されています。この年発表された米国人身売買報告書にも「『外国人技能実習制度』をめぐり、一部で強制労働の状況があると指摘した。昨年から引き続き、4段階のうち上から2番目の評価となった。」（「朝日新聞デジタル」2015年7月29日）と書かれました。法務省も寮からの外出を規制することは人権侵害につながる恐れがあり、「不適正な監理である」（「技能実習制度指針」）としています。「法務省・厚労省合同有識者会議」でも「実習生に対する人権侵害行為の防止」が議題になっています。

この会社〈〇〇電装〉は労基署の注意を受けて外泊禁止の張り紙は外しましたが、実態は変わりませんでした。その後もミリアムさんに、誰と行くかを明記した「外泊の許可申請を出してください」と求めました。監理団体*も「連休に誰と会うのか」「許可申請を出すように」としつこく要求しました。しかし彼女はこれもキッパリと断り、逆に改善を求めて、「許可申請」ではなく「届出」だけにさせました。

*監理団体。技能実習制度で第一次受入機関のこと。

〝家賃4万円〟をNHKが報道

この事件を知ったNHKが8月25日放送の「おはよう東海」で紹介してくれました。NHKは人手不足の産業で外国人実習生が増えているなか、政府が実習期間の延長や介護分野など実習種目を増やす計画であること。その一方で、実習生の受入機関による不正が相次いでおり、国会では実習生保護の新法が提出されていることを説明しました。

法改正で不正はなくなるか

今回の改正では、企業が実習制度で不正を行った場合に、実習生は労働基準法違反と同様に各地域の労基署に訴えることができるようになります。「申告権」がそれです。果たしてこれで実習生への不正がなくなるだろうかというのがＮＨＫの指摘でした。

こんな人権侵害が

〈〇〇電装〉では1部屋に5人が二段ベッドで生活します。手取り10万円の給料から引かれる寮費は昨年3万円から4万円に値上げされました。寮費に具体的な金額基準はありませんが、「いくら何でもこれは高すぎる」と感じるものでした。さらにこの2年間は外泊が禁止されたり、いつも許可を求められ、ミリアムさんは「監禁されているようだ」と言っていました。

会社に文句を言って強制帰国させられた時には、１００万円から１４０万円もの大金を取られるため、実習生の多くは声を出すことができません。

相談を受ける体制は

ミリアムさんは名古屋のフィリピン人支援組織に相談し、愛労連を紹介されました。

愛労連は彼女の訴えを聞いて労基署や入管への訴えを援助しました。ミリアムさんは英語が話せるので比較的コミュニケーションができますが、多くのフィリピン人実習生はタガログ語しか話せません。新しい法律で実習生に「申告権」ができたとしても、相談を受ける体制があるのかも問われます。以前は中国人が圧倒的に多かったのですが、近年はベトナム人、フィリピン人が増加し、最近ではネパール人やカンボジア人も増えています。労基署や入管の通訳体制は決して十分ではありません。愛知で外国人の相談を受けている「みのわ相談所」の三輪所長は、番組で「言語の問題も含めて体制の確立が不可欠だ」と強調しました。

高騰する家賃

愛労連が相談を受けてきたなかでは、部屋のレベルはともかく、家賃1人2万円程度が多く、3万円を超えるケースはめったにありませんでした。しかし、この事件で名古屋入管に相談した際、担当者は「最近は高い家賃が珍しくない」と言っていました。

「日本における外国人技能実習制度の改正後の諸問題」（龍谷大学 Nguyen Huu Quy 2014）の調査によれば、回答のあった36件中6件が3万円、1件が3万3500円でした。それでも5人部屋で3万円以上というのは1件しかありません。5人部屋で1人4万円というのは驚くほど高い家賃です。

円安で仕送りが目減り

このころ他の外国人支援団体から「円安で家族への仕送りが減って困っている」と聞きまし

た。この時にフィリピン・ペソの為替レートはかつての63％程度まで下がっていました。ベトナム・ドンでも6割台になっていました。以前は3万円送金すれば、フィリピンやベトナムでは1カ月分の生活費になりました。円安でこれまでと同じ3万円を送っても、ペソにすると2万円にしかなりません。日本で言えば、1カ月30万円で生活していたのが20万円になるようなものです。

いくらきれいな寮になったとはいえ、3万円の家賃が4万円に引き上げられると仕送りを減らさざるを得ません。円安に家賃の値上げが追い打ちをかけたのです。

法制度の不備が問題

「すぐに解決するだろう」と思っていた問題が、夏を過ぎても解決しません。こんなに長引くとは、この時はまだまったく思っていませんでした。ミリアムさんは会社のイジメにあってもひとりで頑張っています。絶対になんとかしなくては、9月からは名古屋での交渉から法務省相手のたたかいに移ります。

家賃4万円・外泊禁止を国会で取り上げ

2015年9月3日から国会で外国人技能実習制度新法案（以下「新法案」）の審議が始まりました。衆議院本会議で自民党の上川陽子法務大臣から趣旨説明があり、民主、維新、共産党から代表質問が行われました。

民主党議員の「日本人と同等と言っているが実際は最低賃金ではないか」という質問に対し、塩崎恭久厚生労働大臣は、実習計画の段階で日本人労働者の賃金を調べ、「日本人と同等以上とするよう省令で定める」と答えました。しかし、「日本人と同等」は現在の指針にも書かれており、実態は「日本人の最低と同等」になっています。

ブローカーの不正を指摘

共産党の畑野君枝衆議院議員は、悪質な海外送り出し機関とブローカーによる不正が失踪の原因となっていることを指摘しました。上川法相はブローカーには「厳格に対応してきた」と述べていますが、実際には処分されたのは書類上の組織や外国人ばかりで、正式な書類に出ないブローカーは放置されてきました。技能実習に介在する派遣会社などのブローカー行為が問題なのです。

〈○○電装〉の問題について畑野議員は、「先日のNHKの報道で女性の外国人実習生」が「会社の寮の1部屋に5人が押し込められ、手取り10万円の給料から家賃4万円を引かれている。さらに2年間は外泊の自由がなく、実習生は監禁だと言っている」と指摘しました。

これに対し塩崎厚労相は、「深刻な実習生の待遇についてお尋ねがあった」として「労働関係に不正な行為が発生した場合には、認定の取り消し、継続と受入を認めない」と答えました。上川法相も人権侵害行為の禁止規定や罰則を設けると同時に、「受入機関における不適切・不適正な処遇を理由にする失踪のないようにする」と答えました。

法務省、厚労省、国交省に要請

9月11日には「新法案」について議員レクチャー（レク）が行われ、私も同席させてもらいました。ここでベトナム人実習生の事件とあわせて北名古屋市の寮家賃問題について質問しました。法務省の入国在留課と、厚労省、国交省から担当課長はじめ10人ほどが対応しました。

家賃問題について指針で「実費を超えてはならない」と定める「実費」について、「具体的な基準金額はないが、常識の範囲内である」というのが入管の説明でした。そこで「近隣の最高級マンションより高い（1人あたり、面積あたり）家賃はどうか」と質問すると、入国在留課長は「それは常識ではない」と答えました。また実費並びに近隣の家賃については「会社が調査資料を提出すべきである」としました。

厚労省は労使協定があることを前提に、「本人の同意があれば労基としてはそれ以上言えない」という見解でしたが、「同意できない場合には寮を出てもいいのか」という問いに、入国在留課長は「その場合は必要な宿舎を確保できていないことになる」と事実上寮を出られないことを示しました。このレクの内容は名古屋入管の担当者に伝えました。

実費とは何か

名古屋入管が新寮を見に行き、「確かに少し高いとは思うけれど、不正とまでは言えない」という理由の一つが、「近くに同じような建物がない」ことでした。もう一つは「実費」の基準がないことです。会社が「これだけかかっている」と言えば、それを否定する基準や根拠がありません。

ミリアムさんに対して会社は、「建物を増築し、光熱費からすべて関係機関に提出している」「会社は税務申告を行い適法であるという最終結論を得た。これ以上あなたと公平に話すのは困難だ」と説明しました。

これについて知り合いの税理士に尋ねてみると、所得税法には「社員寮費についての規定」があり、それは経費が「これ以下だと差額が所得とされる」というものでした。会社が「税務申告で適法」と言うのは、「寮費がとても高いので、寮生への利益供与（給与）にはならず、課税されない」ということでした。税理士は「この金額が下限だから、ある意味これ*が実費の基準となる」と言っていました。

＊所得税法の「賃貸料相当額」。従業員から受け取る「家賃」が、1カ月あたり「賃貸料相当額」の50％未満である場合、その差額が従業員に対する給与とみなされ所得税が課税される。

それは次の①〜③の合計額です。

①（その年度の建物の固定資産税の課税標準額）×0・2％

②12円×（その建物の総床面積（平方メートル）／3・3（平方メートル））

③（その年度の敷地の固定資産税の課税標準額）×0・22％

登記簿を取り、ざっと計算したら1人あたり1万円にもなりませんでした。今月から新たに実習生が9人増えて27人になりました。1人4万円なので年間家賃収入は1296万円。建物だけなら8年足らずでおつりがきます

そしてこの寮の1階には社長の高級外車が2台も止まる車庫があり、そこら中に監視カメラが付いていていました。この分も「実費」に含まれるのでしょうか？

法務省は「不適正ではない」

12月8日に仁比聡平参議院議員の部屋で、再度法務省のレクチャー（レク）を受けました。

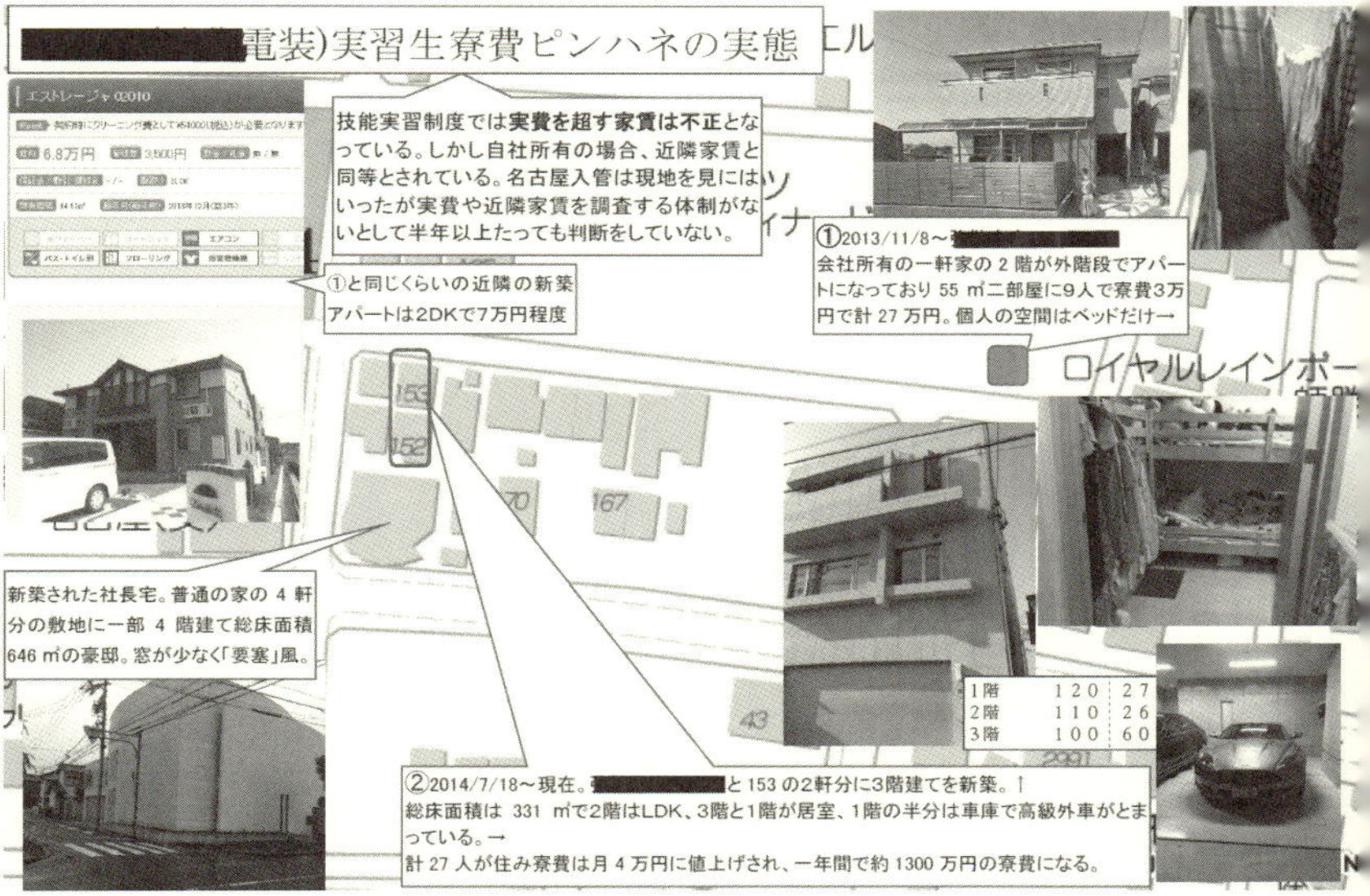
[redacted]電装)実習生寮費ピンハネの実態
技能実習制度では実費を超す家賃は不正となっている。しかし自社所有の場合、近隣家賃と同等とされている。名古屋入管は現地を見にはいったが実費や近隣家賃を調査する体制がないとして半年以上たっても判断をしていない。
①と同じくらいの近隣の新築アパートは2DKで7万円程度
①2013/11/8～[redacted]
会社所有の一軒家の2階が外階段でアパートになっており55㎡二部屋に9人で寮費3万円で計27万円。個人の空間はベッドだけ→
ロイヤルレインボー
新築された社長宅。普通の家の4軒分の敷地に一部4階建て総床面積646㎡の豪邸。窓が少なく「要塞」風。
1階 120 27
2階 110 26
3階 100 60
②2014/7/18～現在。[redacted]と153の2軒分に3階建てを新築。↑
総床面積は331㎡で2階はLDK、3階と1階が居室、1階の半分は車庫で高級外車がとまっている。→
計27人が住み寮費は月4万円に値上げされ、一年間で約1300万円の寮費になる。

５人部屋で３万円から二段ベッドで４万円に（新寮）

席上、指導官から「この事件の家賃問題については調査を終えた」と回答がありました。翌日名古屋入管に聞いたところ「調査が終わったが、不適正ではない」との回答でした。

指導を行わないどころか、このようなピンハネを認めることは、今後も上限なしに不当な寮費を野放しにすることになります。これで実習生が寮を出られなければ、〝奴隷労働〟のそしりを免れないでしょう。愛労連は法務省と入管に抗議文を送りました。これには全国から賛同の声が寄せられ、法務省に抗議のＦＡＸが届けられました。

2015・12・11 14:16

シェアが80件を超え、抗議文を送ったというメールも来ています。弁護士会に人権救済

をとのアドバイスもいただきました。やったことがないので検討します。日曜日にM（注・ミリアムさん）さんに会って相談します

作家の小中陽太郎さんから「入管による不当な外国人実習生寮費容認に強く抗議します」。

民放OBから「私は、6棟ほどの賃貸マンション・アパートを経営している立場を表明して、抗議文を送っておきました。緑区の新築アパートの単身者専用のアパート（浴室乾燥機付きバス、ウオッシュレット付きトイレ、システムキッチン、エアコン付き）の㎡単価は2000円前後です。その5倍もする寮費を強制的に取るやり方は、常識では考えられない」。

ブログには行政関係者らしい方からのコメントも。

「宿舎費等の経費を実費の範囲内に収める原則を徹底するには、労基などに頼らず、入管への申請時に控除額の算定根拠明示を義務付けて入管自身でしっかりと審査する仕組みを作らなければ、この問題は今後さらに多発するでしょう」

チラシを作り法務省に送りました。引き続き抗議をお願いします。

FAX03－3592－7092　法務省入国管理局

「ブログ外国人実習生支援」 2015年12月18日より

「入管の社会通念」では妥当？　〇〇電装寮家賃

フィリピン人実習生の寮費について畑野君枝議員から質問書を出してもらいました。法務省から書面で回答がありました。実習制度で「控除する額は実費を超えてはなりません」という寮費の「実費」については下記のような回答でした。（傍点筆者）

Q：会社が所有する寮の場合の「実費」とはどのようなものか。

A：「実費」とは、実際に要する費用を意味するものですが、実際に要する額が必ずしも明らかでない場合があります。このような場合にあたっては、物件の構造や耐用年数はもちろんのこと、共用部分の状況など、諸般の事情を総合的に考慮した上で、社会通念上著しく不当であるかを判断することとしています。

Q：同面積のマンションが近隣にない場合、総床面積で除した金額が近隣の最高級マンションの2倍を超えた場合でも「実費」として認めるか。

A：「実費」を判断する上で「総床面積で除した金額」を近隣のアパート等と比較することは、ひとつの判断要素にはなりますが、その他の諸般の事情も踏まえて総合的に判断されるものですから、必ずしも「総床面積で除した金額」に拘束されるものではありません。

入国在留課長は9月11日のレクで、「実費の資料は会社から出させる」と言っていましたので、〈○○電装〉の資料を見たうえで入管として「社会通念上著しく不当ではない」と判断したことになります。法務省の言う「実費」とは、会社所有の寮については何の意味も持たないことを示しただけです。

諸般の事情ってなんだ?!

旧寮では

登記簿を見ると、実習生たちが2013年11月8日より2014年7月まで入居した寮は北名古屋市にある会社所有の一戸建てでした。実習生9人はこの2階の2部屋で生活し、天引きされた寮費は1人月3万円（合計27万円）で、2階の床面積は54・62㎡でした。同市内の同面積の新築のアパートは、最高でも約7万円の家賃です。「物件の構造や耐用年数、共用部分の状況」に大差はありません。残る「諸般の事情」とは何でしょうか。

この寮の1階には他の住人が住んでいました。床面積は72・15㎡と2階より広いのですが、会社は1階の賃料をいくらにしていたのか、それは「諸般の事情」に考慮されないのか。少なくとも、1階より狭い2階の方が家賃が高いということはないと思いますが……。

新寮は

実習生たちが2014年7月18日より入居した新寮は、3階（100・6㎡）に3部屋、各

4人、5人、9人の計18人が入居。1階（120・27㎡）がエントランスと9人部屋、車2台の車庫となっています。2階は27人全員が使う共同リビング、キッチンです。寮費は1人4万円ですから、27人分で合計月額108万円になります。

建設費は約8000万円と聞いています。国は鉄筋コンクリートの住宅の償却年数を47年としています。この他にガス台4台、シャワー3台、洗濯機3台、エアコン、大型テレビなどの設備がありますが、耐用年数を5年としてもたいした金額にはなりません。他にあるのは、数々の防犯カメラくらいです。近隣を調べてみると、新築で設備も充実した賃貸物件の「レオパレス」の家賃が月6万円程度ですから、3人で住めば1人2万円に過ぎません。

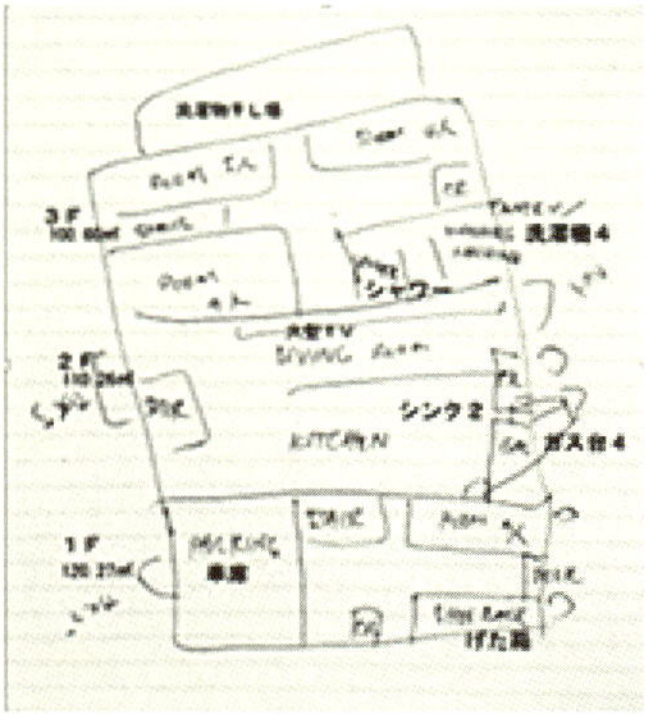

2台のシンクを27人が交代で使う（新寮2F）

年明けから全面的反撃に

ネット署名「法務大臣：外国人実習生の寮費ボッタクリを許すな」

「すぐに解決するだろう」どころか、法務省から文書で「不正ではない」とお墨付きまでもらってしまいました。しかし、こんなことで引き下がるわけにはいきません。年末は実家で「母と暮らせば」生活でしたので、ネットを使っての反撃を準備しました。

2016・1・1　9：20

キャンペーン「法務大臣：外国人実習生の寮費ボッタクリを許すな」に賛同をお願いします！　元旦から不正との闘いです。

外国人実習生を2部屋に9人入居させて1人3万円。これを法務省は「諸般の事情」と容認。実習生は寮を出ることも会社を変わることもできません。ぜひ署名、拡散をお願いします。

勇気を持って声を出してくれたミリアムさんは今月中旬に帰国します。会社は労働組合の要求にもまったく不誠実な姿勢です。入管が容認しているからです。署名を広げてください法務省が「諸般の事情」と回答したことは、現行の法制度に致命的な欠陥があることを自ら露呈したものです。そこでまず「4万円の家賃は常識から言って絶対におかしい」という世論を作ることから始めました。これが年末から始めたChange.org《チェンジ・オーガナイゼーション》のネット署名です。

フェイスブックページ「外国人実習生支援」1月2日より

年末から家賃ボッタクリを容認した入管に対して抗議の署名とファックスを始めました。入管は指針で実費を超す家賃は不正と言っておきながら、ここでは諸般の事情と言うだけで、2部屋に9人で1人3万円、近所のアパートの3倍もの寮費に不正はなかったと容認してしまいました。

みなさんの署名は法務省入国在留課に転送されます。

3日間で236名の賛同をいただきました。どんどんシェア拡散して入管を追い詰めましょう。

この署名はフェイスブックで次々とシェアされていきました。ベトナム人実習生タン君（第2章）が紹介したことで、ベトナムのインターネット放送局でも8万回以上再生されました。ミリアムさんもタガログ語で紹介し、法務省のメールアドレスには世界中から署名が次々と届

けられました。メールでこんな声も寄せられました

ベトナム人にも苦しんでいる人がたくさんいます。家賃の問題だけでなく、差別されるといった意見が非常に多いです。また、残業代や休日手当が一切出ないという話もよく聞きます。そのため、この記事はいろんな在日ベトナム人コミュニティーで大量拡散されています。（豚愚鈍）

直接の団体交渉で追い詰める

２０１５年は〝戦争法〟の強行採決により秋の臨時国会が開催されず、新法案の審議も衆院本会議で１回審議されただけで、次の審議予定はまったく見通せませんでした。しかしすでに法務省の姿勢は明らかになりましたので、実力行使しかないと判断、会社に団体交渉を要求しました。

１月８日、小牧商工会議所で交渉が行われることになりました。出席は私と愛労連ローカルユニオンの役員、それにミリアムさんも参加しました。ＪＩＴＣＯ（財団法人国際研修協力機構）のガイドラインでは寮費について、「宿舎費の額、内訳及び計算方法について技能実習生本人に十分説明し理解を得る」とされています。「要求書」で説明を求めました。

「要求書」

1．貴職はミリアムさんに対して「労働組合に入っているのか。榑松《くれまつ》がやっていることを知っているのか」と言ったうえで毎月の組合費を「死ぬまで払うってことは知ってるか。フィリピンに帰ってからもとられる」と言ったそうですが、その根拠をお示し下さい。

2．貴職は彼女に対し「ユニオンの勧誘行動があれば違法なので、他の技能実習生を勧誘しないように」と言っておりますが、労働組合への加入を禁止することは労働関係法令に違反しています。また技能実習制度で「労働関係法令違反に係る不正行為」となります。発言を撤回し、全ての実習生に対し労働組合への加入は自由であることを書面で周知ください。

3．外国人実習制度では宿舎の確保が義務付けられています。この寮費について「技能実習生の入国・在留管理に関する指針」には「食費や寮費等を賃金から控除する場合には、労働基準法にのっとった労使協定の締結が必要であり、控除する額は実費を超えてはなりません。」とされています。（(3)実習実施機関の役割　⑨賃金の支払）

(1)実習生等が2013年11月8日より2013年11月から2014年7月まで入居した寮は北名古屋市○○○にある会社所有の一戸建てである。実習生9人はこの2階2部屋で生活し、天引きされた寮費は月3万円である。登記簿によると床面積は54・62㎡である。

①指針では「実費を超えてはならない」というが、この実費について会社のいう額とその内訳を明らかにされたい。
②同住宅の1階には他の住人が住んでいる。床面積は72・15㎡と2階より広いが1階の賃料を明らかにされたい。
(2) 実習生等が2014年7月18日より入居する新寮は3階100・6㎡に3部屋に4人、5人、9人の18人、1階120・27㎡がエントランスと9人の部屋、車2台の車庫となっている。2階は27人が使うリビング、キッチンとなっている。寮費は月4万円で年間では約1300万円となる。建設費は約8000万円と聞いているが、実費の内訳を明らかにされたい。

会社は労働組合との交渉に不慣れで、社会保険労務士か税理士と思われる方を同席させましたが、要求に対してはきちんと法律にそった回答を用意し、「実費」についても領収書を示すなど誠実な態度を示しました。

会社の返答は、

「近隣には同じような寮はないので同程度という比較はできない。」

「実費は1013万7000円。実習生の入れ替えがあるので年間加重平均19人で割ると4・5万円になるところを4万円にしている。」

と言います。

内訳を聞くと、「水道光熱費」が約150万円、「インターネット通信料」が6万円、「セコム」19万円。他に固定資産税、家具や布団、害虫駆除費用、米代……など。一番大きいのは建物全体の減価償却費で600万円。まだ数百万円ほど合いませんが、減価償却費が実費の半分以上としています。建物は鉄筋コンクリートで、税法上の47年ではなく30年で償却。償却合計金額はなんと1・8億円にものぼります。建物は8000万円程度ではないかと言うと否定せず、「内装、排水溝等にお金をかけた」、「償却期間は会社の自由だ」と主張。まるで会社の資産形成のために家賃をボッタクリしているようなものです。20年で償却すれば家賃は5万円くらいになると言うのですから。

率直に言って、古い一軒家と次の狭い旧寮の家賃が3万円だったのを、きれいで広い寮にしたから4万円にした。ところが入管から「実費」を聞かれたので、急きょ領収書をかき集めて数字を作ったというのが実態だと思いました。しかし、これでも法務省は「調査した」と言うのです。

マスコミに紹介

この問題は、いまの外国人実習生の置かれている実態をとてもわかりやすく示しています。

テレビ局の取材を受けるミリアムさん

相場の3倍の寮費が「適正」？ 名古屋入管がピンハネかばう判断

名古屋入管は15年12月9日、フィリピン人実習生から「寮費」名目でピンハネしていた会社について、「適正である」との不当な判断を出した。実習生らの相談を受け、愛知県労働組合総連合（愛労連）が5月に告発していた。

実習生たちが働いているのは城北電装（愛知県小牧市）。2013年11月から、北名古屋市にある会社所有の一軒家2階の2部屋に9人で生活、寮費は一人3万円だった。同市内の同程度のアパートは最高でも7万円程度で、光熱費を引いても3倍超ものボッタクリだ。

14年7月からは新寮に移り、18人となり寮費が4万円に値上げされた。10万円程度の手取りにとってたい

実習生が現在住んでいる寮（左）；声をあげたフィリピン人実習生
（写真提供　愛労連）

『労働情報』（2016年1月15日）

多くのマスコミが取材に来ました。団体交渉の日は、東海テレビと朝日新聞がやって来て、ミリアムさんは時間をかけて、ていねいに取材に答えていました。ミリアムさんは年明けに帰国しましたが、2月7日の外国人実習生交流会に来日し、ここでも取材を受けました。この後も個別に各紙からの取材が次々と来るようになりました。

2016年の年明け早々『労働情報』（1月15日）がミリアムさんのたたかいを紙面で紹介してくれました。すぐには報道されなくても、取材を受けたことを紹介することで各社の関心を予備、外国人実習生問題を理解してくれる記者が増えていきました。

愛知県議会で意見陳述

2016年4月、愛知県は「外国人雇用特区」を国に申請しました。これは「過去に「技能実習制度」を優秀な成績で修了した外国人や、それに相当する資格・能力

を持つ外国人のうち、我が国の労働者として雇用されることを希望する者に、新たな在留資格「産業人材」を認め、我が国での就労・居住を許可する」というものです。

愛労連は、「外国人雇用特区への慎重な検討を求める請願」を提出し、愛知県議会県民総務委員会で意見陳述を行いました。この意見陳述のなかで、「『NHKおはよう東海』でも紹介された北名古屋市にあるフィリピン人実習生の寮は、二段ベッドで月4万円の寮費を天引きされています。会社は「イヤなら出てもいい」と言いますが、寮を出たら強制帰国の理由にされます。技能実習制度には〝会社を変われない〟という問題点があります」とこの事例を紹介し、技能実習制度と入管体制の不備を指摘しました。

「外国人特区」は受け入れの拡大をするだけで、外国人労働者に対する保護など受け入れる側の対応がまったく抜けているのです。この意見陳述も新聞で報道されました。

「寮を出ることは禁止されていない?!」（名古屋入管）

1月27日、東海地方の外国人支援ネットワークが名古屋入管と意見交換をしました。私はこのなかで、技能実習生の寮と家賃の問題について尋ねました。

質問：受入企業が「寮を出ても良い」と言う場合には、実習生は自由に宿舎を選ぶことができるでしょうか。

回答（要旨）：省令によって受入機関は宿舎を確保することが義務付けられているが、実習生が受入機関の宿舎を出て他の施設に入ることを禁じているものではない。


なんと、外国人実習生は必ずしも会社の寮に住まなくてもいいと言うのです。

質問事項は昨年のうちに出してあったものですから、事前に法務省から了解を取った回答だと思います。前年9月に法務省入国在留課長に「寮を出ていいか」と聞いた時には、「その場合は必要な宿舎を確保できていないことになる」という答えでした。それからすると、大きく踏み込んだ内容です。

これなら支援団体が宿舎を確保し、そこから実習生を通勤させることも可能になります。実習制度に明記されるのは今後になると思いますが、団体交渉では十分活用できる回答でした。

第2回団体交渉で

その後、2月26日に第2回団体交渉を開催。1回目で回答のなかった旧寮の実費について明らかにすることと、新寮の費用で明らかになっていなかったものについて、さらに詳しく説明を求めました。前回で安心したのか、たいへん友好的な態度で、実費の詳細についてもていねいな説明がありました。

新寮建設期間中に2部屋に9人が入っていた旧寮の一軒家2階（寮費1人3万円）について近隣相場は5・5万〜7万円、水光熱費を含む実費は1・1万円とのことでした。「結果的に狭い部屋に押し込んだことになるが、監理団体が実習生に説明し了解を得ているとの報告があった」とのこと。

家賃4万円の新寮については、前回説明のあった合計1013万7000円の実費の内訳を、「立派な建物にしたために減価償却費が600万円」と「水道光熱費150万円」「セコム19万円」「固定資産税28万円」「ネット接続料6万円」、これ以外に「新調した家具類168・5万円」、「洗濯機などの電気製品など180万円」という説明でした。領収書も見せてくれました。

会社の説明を受けたあとの話し合いでは、これら家具などのなかにも4〜5年使えるものがあり、寮費の値下げが可能であることを確認し、「検討する」と回答。すでに帰国した実習生についても何らかの措置をとることを約束してもらいました。この交渉で明らかになったことは、法務省の言う「実費の基準」はあってないようなものだということです。

その後、団体交渉の確認書を結び、5月24日に会社からミリアムさんのところに感謝状と記念品（ブローチ）が届きました。6月に入ってから帰国した実習生全員に旧寮家賃の実費を上回った分の9カ月分を、それぞれ送金すると連絡がありました。現行の家賃4万円は法務省が違法とは言っていないことからすぐには引き下げないが、国が新しい規則を定めたら従うとのことでした。これについては国会で畑野君枝議員の質問に法務大臣が「明確な基準を作る」と答弁している（＊次項参照）ので、今後詰めることにし、とりあえずこれで了解することにし、労働組合としては、団交確認事項が実行されたものとしました。

ミリアムさんも、以下のようにフェイスブックに投稿しています。

ついにこの（家賃の）事件も終わりそうです。制度も変わりそうなのでほっとしています。

私は、自分のだけでなく仲間の分も取り戻せそうです。私が信じるもののために闘うことを狂ってると言った人たちは恥ずかしい。

榑松さんとその仲間の支援のおかげです。私たちは、実習生問題が大変なんだということを明らかにしました。制度がすぐに変わることを期待します。ありがとうございました。

その後、彼女から「全員にお金が届いた」とメールがありました。

ミリアムさんに差額を返金し感謝状も

制度の抜本的な改善を

5月13日の衆院法務委員会での岩城法務大臣の回答は、次のようなものでした。

○畑野委員

次に、寮費の問題です。

先日も岩城大臣にうかがいました。私がこれをなぜ取り上げるかというと、住まいは人権だということなんですね、根本的問題として。それで、この適正化について、どのような着眼点で宿舎費の適否を見ていくのが適当かについてさらに検討していくとその時お述べいただきました。

それで、その後いろいろ聞きますと、高い家賃を取って実質的には低賃金になるという実態も報告されていますし、それから、この間、日弁連の方からは、雨が降ると畳のところが水浸しになる、布団も敷けないというような写真の実例も紹介いただきました。やはり人間らしい住環境を提供する責任もあると思うんですね。

あわせて、やはり実習生が選べるということも、賃金をきちっと保障することとあわせてですけれども、そういうことも必要になってくると思うんですね。

ですから、家賃については、文化的な最低限度の生活を確保する、あるいは賃金をきちっと確保していくという観点からも、明確な要件を定めていくことが必要ではないかと思いますが、いかがでしょうか。

〇岩城国務大臣

技能実習生が本当に安心して実習に専念できる環境を確保するためには、畑野委員おただしの通り、宿舎費の金額が適正なものであることは重要でございます。前にもご答弁させていただきましたけれども、この適正な宿舎費について、より明確化していきたいと考えております。

委員ご指摘の点も踏まえまして、宿舎費を適正なものとする方策について、さらに検討してまいりたいと考えております。

新法案の審議は終局どころかまだまだ改善すべき問題が山積みです。寮費の問題もその一つです。〇〇電装で明らかになった実費を例にして「明確な基準」ついて法務省を問いただしていきます。

ミリアムさんの「制度がすぐに変わることを期待――」に応えたいと思います。

第2章 仕事が違う、クミアイが違う…
――ベトナム人実習生相談室――

逃げてきたベトナム人

宮城県気仙沼から名古屋まで

外国人実習生からの相談は、たいていスマホにかかってきます。この時もそうでした。次の土曜日に、これもいつもの通り、金山総合駅のコンコースで待ち合わせることにしました。

2015・6・16　22：40

まさに私の日程のスキマを知っているかのようにベトナム人からの電話。ここしか空いていない土曜日の午前中に会うことに。共同通信の外国人問題の取材が終わり、他の支援者から収監されているベトナム人の年金問題が解決したと連絡があった直後。

金山駅には二人のベトナム人がいました。一人は実習生のタン君。もう一人は留学生のハイ君で、彼が通訳をしてくれました。愛労連の事務所に行き、アンケート用紙に記入してもらうことにしたところ、タン君の話はそれまでの実習生の多くとは違い「お金」の話ではありませんでした。彼は仕事がベトナムで聞いた「ようせつ」ではなく工事現場の作業員だったのが逃げた理由だと言います。2014年8月に入国し、広島県の〈KYOBUN〉に1カ月いたあと、鳥取のN工業に送られましたが、すぐに島根県に行かされ、さらに東北をいくつか回って、11月には仙台市郊外の宿舎に連れて行かれました。

彼は元々エアコン工場の労働者で、土木作業員の仕事とはまったく異なっています。しかし会社もクミアイ*も話を聞いてくれず、帰国させられそうになったので2015年1月に逃げ、6月にやっとベトナム人を支援している愛労連にたどり着きました。

*監理団体。多くが協同組合のかたちをとっており、クミアイと呼ぶことが多い。

ブログ「外国人実習生支援」2015年6月28日

復興に安い外国人建設労働者

先日気仙沼から逃げてきたベトナム人実習生の調査。人手不足で安い外国人実習生を入れている手口がわかりました。

鳥取から宮城県気仙沼へ

実習生は、昨年広島で入国。受入団体は〈まごころ協同組合〉です。講習は〈KYOBUN〉（福山市）で1カ月間日本語を練習して、翌月鳥取県米子市のN社へ。ベトナムにはN社の会長が面接に来ました。

N社では2、3日鉄筋作業の練習をしただけで、翌週には島根県江津市で橋の工事現場の清掃作業を1カ月半、その後は宮城県気仙沼の工事現場で鉄筋を包んだり運ぶ仕事をさせられました。

仙台市近郊の宿舎を朝5時に出て気仙沼の現場へ。8時～17時までの仕事を終えて宿舎に着くのは19時。契約書に休憩時間が90分となっているため賃金は最低賃金の7時間半分のみで残業はなし。雨が降ると休みで給料はなし。

職種が違う！

実習生は、ベトナムではエアコン製造の会社で溶接をしていました。本人は「ようせつと聞いた。ようせつしかしたことがない」と言っています。N社のホームページにも溶接があります。就業場所も米子の会社だと聞いてきました。聞いていた話とまったく違うし、1日5000円程度の給料では貯金も仕送りもできません。逃げてきた名古屋で友人から愛労連を紹介されました。仕事が違うので訴えたと言っています。

復興作業に安い外国人建設労働者

オリンピック関連で建設労働者の不足が深刻化するなかで、建設業に外国人労働者を使うことが多くなっています。土木工事の下請けに作業員を確保するのが狙いで、このようなだましの手口を使ったのだと思われます。「安くても1万円はする」（現地関係者）東北の土木現場に1日5000〜6000円で作業員を派遣することができるのでぼろもうけです。

実習生は「ほんとうの受入組合は違う」とも言っています。入管には実態の調査と、実習生が経歴通りの職種で働けるよう対応を求めています。

「仕事が違う」

タン君から聞き取った内容を整理して名古屋入管にＦＡＸ。翌週木曜日、留学生のハイ君に通訳をお願いして名古屋入管に訴えに行きました。その際に担当者から「本人のサインがある」と見せられた雇用契約書には「鉄筋施工」と書いてありました。経歴書にも「建設有限会社　職種鉄筋施工3年半」と書いてあります。しかし他の部分はベトナム語が書いてありますが、職種のところだけは日本語しか書いてありません。タン君は口頭の説明で「ようせつ」と言われました。また雇用契約書の就業場所は鳥取県のＮ社ですが「実習計画書で就業場所は受託現場」となっていることがわかりました。

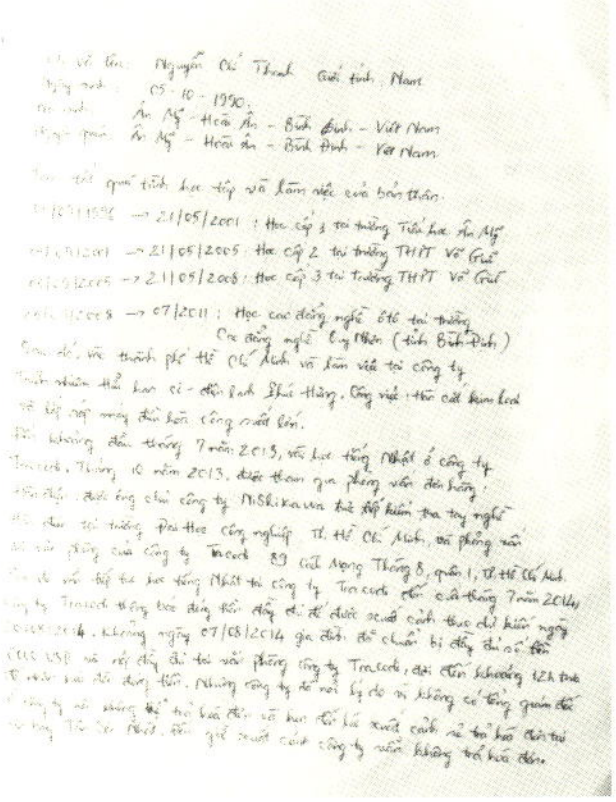

タン君の陳述書

さらに受入組合は、〈びんご真心協同組合〉ではなく〈WILL《ウィル》 UNION《ユニオン》〉だとも言われました。では〈びんご〉や〈KYOBUN〉とは何か？「ようせつ」の仕事はどうなったのか？ タン君に聞いてもよくわかりません。

これまではほとんどが東海3県の研修生、実習生で仕事も製造業でしたので、会社や組合を呼び出したり現地調査に行くこともできました。しかし今回は建設業で、しかも受入組合が広島県、実習現場は宮城県です。まずは名古屋入管に調査をお願いしました。

「フェイスブック相談室」

すぐには広島に行けません。しかも受入組合のある福山市は広島市とはかなり離れていて、広島県労連に頼むためにも事情を説明できる準備が必要です。まず母国でのことや入国してからのいきさつを整理することから始めました。そこにハイ君からフェイスブックに「相談室を作った」と連絡がありました。メンバーはハイ君とタン君、私の3人です。タン君は日本語をゆっくりなら話すことができるので、フェイスブックのメッセージで十分やりとりができました。ハイ君のアルバイトが終わった夜にチャットで聞き取りを行いました。

ハイ君が、スレッドに「相談室」という名前を付けました。まず、書いてもらったのが「陳述書」です。私はいつも実習生に経過や困っていることを書いてもらい、本人にサインしてもらっています。ここに「申告書」と書けば労基署も正式に受理します。これを写真で送ってもらい、ホーチミンの派遣会社に送って翻訳をお願いしました。聞き取りだけではこちらの気がつかないこともありますし、当事者の訴えたいことも、この方がよくわかります。タン君も2ページにわたって、自分の経歴や母国での面接、日本に来てから逃げるまでのいきさつを書いてくれました。

〈びんご真心〉

タン君は日本に来て1カ月を「びんごまごころ」で生活したと言っていました。チャットをする一方で福山の「びんごまごころ」「KYOBUN」を検索します。すぐに見つかったのが「教文広島アカデミー」。グーグルマップで写真を見せても、タン君は「知らない」と言います。そこでタン君の在留カードにあった住所を検索すると出てきました。これが教文ビルでした。

タン君は1カ月間をこの〈教文〉の寮で生活し、講習を受けていました。タン君が「まごころ」と言っていたのはここのことでした。

一方で入管が正式な受入機関と言っていた〈WILL UNION〉（以下、ウイル、ウイル・ユニオン〉について、地元の福山地区労会議に頼んで見てきてもらいました。こちらはマンションの一室に4社の看板がかかる事務所でした。

タン君は「日本へ来てから、ウイルの社長に一回会いました」「ウイルの社長は私を連れて行って、食事をしました」「ウイルの人とは、びんごで初めて会った」「ウイルの人はベトナムには来ていない」と言っていました。

「教文」ビル（福山市）

入管は〈ウイル〉が〈教文〉に講習を委託していたようなことを言っていました。〈ウイル〉のT社長に聞いたところ、「彼らが初めての実習生受け入れだったので、すべて〈教文〉にお願いした」と言ったそうです。

クミアイが違う!

そこにタン君の両親から、「失踪通知」が送られてきました。

2015・7・1　21：39

クレマツさん、私は逃げてから、TRACODI会社（注・送り出し機関）はお知らせを作って、

Công ty Cổ Phần Đầu Tư Phát Triển Công Nghiệp và Vận Tải xin thông báo:
Thực tập sinh: **NGUYỄN CHÍ THANH** Sinh Ngày: 05/10/1990
Số hộ chiếu: B8628646 Ngày cấp: 01/11/2013
Hộ khẩu thường trú: **Ân Mỹ, Hoài Ân, Bình Định**
Xuất cảnh đi làm việc tại Nhật Bản ngày: 20/08/2014
Ngành nghề: Bảo dưỡng máy móc 実習職種：機械保全
Nơi làm việc: **Công ty TNHH Fujitokubuusan** thuộc nghiệp đoàn Bingo Magokoro Kyoudou Kumiai. 配属先：びんご真心協同組合ー

職種と受入機関の偽装が明らかに（失踪通知）

ベトナムの警察に送って、家族にも送りました。

あの知らせには、日本で私の仕事は機械を養護しています。本当にTRACODI会社が分かりません。

あの知らせが要れば、クレマツさんにファックスで送ってもいいです

これはベトナムの送り出し機関〈TRACODI〉がベトナム政府や警察に提出したもので、家族に対し「タン君が逃げたので罰金を払え」というのです。しかし、ここに仕事は「機械保全」と書いてあり、受入機関は「びんご真心協同組合」になっていました。入管でタン君が言っていた通りです。それでは〈びんご真心〉は、いったいどこに行ったのでしょうか。

わかってきた〈教文〉の実体

法務局に行って、福山市内の〈教文〉〈ウイル〉〈びんご〉といった名前を片っ端から調べることにしました。また厚労省の「人材サービス総合サイト」*には技能実習生を受け入れている団体がすべて出ていますのでここで福山市内の受入機関をチェックしました。そこでわかったのが〈教文〉

のたいへんな実態でした。

＊https：//www.jinzai-sougou.go.jp/

まず〈教文〉施設内にはいくつもの受入機関がありました。法人登記簿を見ると「教文アカデミー」のなかにある「しまなみ国際協同組合」は〈教文〉の元役員が代表になっていました。〈教文〉本社も数度移転していますが、各受入機関が〈教文〉施設のなかで登録住所を転々としていました。以前は別の組合でしたが、〈教文〉に住所を移す際に役員も変わっているので、〈教文〉が名義を購入したのだと思われます。登記簿でなかなか見つからなかった〈びんご真心協同組合〉は〈教文〉のＰＣ教室の住所に登録され、名前が「Ｊ&Ｖ協同組合」に変わっていました。〈教文〉の社内には「備後経済振興協同組合」がありますが、ここは有料職業紹介事業ですので建設業への受け入れができません。〈ウイル〉のＴ代表は建設コンサルタントでしたから、建設会社のＮ工業の受入機関として使われたのだと思います。

そして何より驚いたのはベトナムの送り出し機関〈ＴＲＡＣＯＤＩ〉の広島支部が「教文学園」のなかにあったことです。〈教文〉のホームページからリンク先（すでに削除）を見ると「日本人代表によるベトナム人実習生」と書かれていました。

タン君はベトナムで〈教文〉のＭ田社長と会っていました。〈ＴＲＡＣＯＤＩ〉のホームページには日本語の勉強をするタン君（次頁、写真右）と実習生を面接するＭ田社長（写真左）が出て

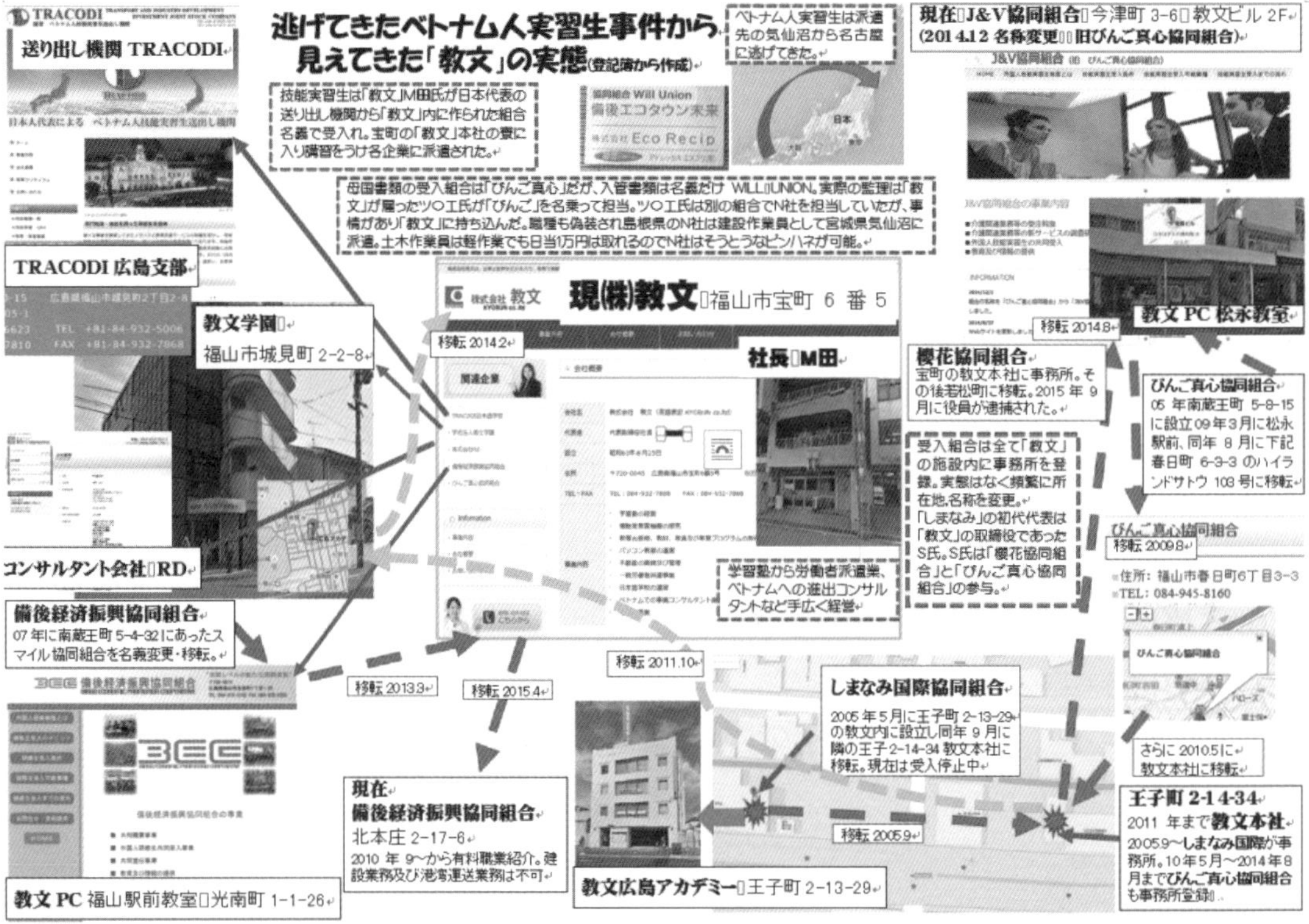
逃げてきたベトナム人実習生事件から
見えてきた「教文」の実態(登記簿から作成)
技能実習生は「教文」M田氏が日本代表の送り出し機関から「教文」内に作られた組合名義で受入れ。宝町の「教文」本社の裏に入り講習をうけ各企業に派遣された。
母国書類の受入組合は「びんご真心」だが、入管書類は名義だけ WILL UNION。実際の監理は「教文」が雇ったツ○工氏が「びんご」を名乗って担当。ツ○工氏は別の組合でN社を担当していたが、事情があり「教文」に持ち込んだ。職種も偽装され島根県のN社は建設作業員として宮城県気仙沼に派遣。土木作業員は軽作業でも日当1万円は取れるのでN社はそうとうなピンハネが可能。
ベトナム人実習生は派遣先の気仙沼から名古屋に逃げてきた。
協同組合 Will Union
備後エコタウン未来
株式会社 Eco Recip
日本
送り出し機関 TRACODI
TRACODI
日本人代表による ベトナム人技能実習生送出し機関
TRACODI 広島支部
TEL +81-84-932-5006
FAX +81-84-932-7868
教文学園
福山市城見町 2-2-8
コンサルタント会社 RD
備後経済振興協同組合
07 年に南蔵王町 5-4-32 にあったスマイル協同組合を名義変更・移転。
備後経済振興協同組合
教文 PC 福山駅前教室 光南町 1-1-26
移転 2013.3
移転 2015.4
現在
備後経済振興協同組合
北本庄 2-17-6
2010 年 9~から有料職業紹介。建設業務及び港湾運送業務は不可
現(株)教文 福山市宝町 6 番 5
株式会社 教文
移転 2014.2
関連企業
社長 M田
学習塾から労働者派遣業、ベトナムへの進出コンサルタントなど手広く経営
移転 2011.10
教文広島アカデミー 王子町 2-13-29
しまなみ国際協同組合
2005 年 5 月に王子町 2-13-29 の教文内に設立し同年 9 月に隣の王子 2-14-34 教文本社に移転。現在は受入停止中
移転 2005.9
現在 J&V 協同組合 今津町 3-6 教文ビル 2F
(2014.12 名称変更 旧びんご真心協同組合)
J&V協同組合
教文 PC 松永教室
移転 2014.8
櫻花協同組合
宝町の教文本社に事務所。その後若松町に移転。2015 年 9 月に役員が逮捕された。
受入組合は全て「教文」の施設内に事務所を登録。実態はなく頻繁に所在地、名称を変更。
「しまなみ」の初代代表は「教文」の取締役であった S氏。S氏は「櫻花協同組合」と「びんご真心協同組合」の参与。
びんご真心協同組合
05 年南蔵王町 5-8-15 に設立 09 年 3 月に松永駅前、同年 8 月に下記春日町 6-3-3 のハイランドサトウ 103 号に移転
びんご真心協同組合
移転 2009.8
住所: 福山市春日町6丁目3-3
TEL: 084-945-8160
さらに 2010.5 に教文本社に移転
王子町 2-14-34
2011 年まで教文本社
2005.9~しまなみ国際が事務所。10 年 5 月~2014 年 8 月までびんご真心協同組合も事務所登録

いました。これらをまとめたのが前ページの図です。

面接するM田代表と15タン君（TRACODIホームページから）

ビザ期限を前に

これらの調査結果はすべて名古屋入管に報告してきました。しかしタン君の在留期限8月20日まで残り1カ月になっても広島入管からは何の連絡もありません。やっと7月末に名古屋入管と話し合って、広島入管も調査をすることになりました。タン君は8月7日に名古屋入管で再度聞き取りを行った後、9日に福山市内の〈ウイル・ユニオン〉に移りました。

〈ウイル〉はまず警察に連れて行き、タン君の失踪届を取り消しました。ところが〈ウイル〉のT社長は、なかなかタン君を入管に連れて行きません。8月13日に私から直接T社長に電話しましたが、「入管が難しい」と言っていました。ビザの期限はもう1週間しかありません。すると、T社長は帰国の切符を準備して19日にベトナムに連れて行くと言い出しました。そこで、清水忠史衆院議員を通じて法務省入国在留課にビザの延長を求めました。この時私は13日に父が亡くなり、葬儀とその後の手続きのために1週間静岡の実家に行っていました。そのためフェイスブックと携帯電話だけでしか応援できませんでした。
17日から3日間のタン君のがんばりは、今見てもほんとうにすごいと思います。

2015・8・17 10：05

タン おはようございます。
T社長言ったばかりのはビザが延長できません、他の方がありますか。お願いします。自分の考えることは名古屋へ戻るかもしれません。本当に帰国したくないです。帰ると、困りますから。
ごご名古屋へもどって、にゅうかんに行って、非難（注・難民）になりたいです。お願いします。

榑松 難民認定はできません。ビザのことは入管に話します、仕事のことはT社長に探してもらいます。そうしないとビザが出ないので。

8・18 2：20

榑松 タンさんへ　法務省入管N補佐官より電話がありました。タン君が日本に残りたいのか、帰りたいのかわからない。本人か、ウイル・ユニオンどちらが本当のことを言っているのか 自分で広島入管に話してほしい。20日までに、ビザ延長の手続きをしなくてはいけない。技能実習で残りたい意思があれば広島入管が相談にのってくれる、とのこと。

タン　T社長は連れて行きませんから、話しません。T社長言ったのは、頑張ってくれましたけどビザが延長できません。それで、T社長は私帰国して欲しいです。

逃げるのをつづけてはだめですから、頑張ります。

榑松　悪いのはあなたではないので、逃げてはいけません。広島入管は〈教文〉が悪いのを知っています。

1週間もあったのに連れて行ってないとは知りませんでした。何か、あやしいです。こちらから入管に言います

入管本部から広島入管にタン君を呼ぶよう電話しました。

8・18　16：20

タン　Bingo はひこうきのキップを買ってありました。

榑松　帰りたくないと言ってください。

タン　はい。キップありますから、にゅうかん聞いたのは、帰国つもりは明日ですか。にゅうか

ん言ったのは、ビザ延長できません

入管へ来た時、明日の飛行機のきっぷを見せてくれて、びっくりしました。帰国を決めませんが、入管は帰国したいと思いました。

ベトナムのブローカー会社言ったのは、私帰国したらお金払います。

榑松　建設の仕事ではない。だまされた。組合は〈びんご〉で、M田社長のことも。帰りたいか聞かれませんでしたか。

タン　入管の通訳言ったのは聞かないことだったら、答えないで。私はベトナム語で言ったのは、朝5時アパート出て、午後帰る時間7時、でも、通訳言ったのは、朝早く仕事行って、午後遅く帰っていました。

意味は違います。説明すると、「止まって」と言いました。

榑松　そういう時は、もう一度言い直してください。日本語で「ちがう」と言うといいです。それから〈ウイル・ユニオン〉は一度食事しただけだと。通訳が説明する時に、何度も「ちがう」と言えば入管も気がつきます。そこだけ日本語でね。

8・19　17：53

タン　1カ月のビザをもらいました。今帰っています。後で写真を送ります。実習生になりません。

榑松　いまは、すぐには決まらないということです。この間に2カ月分の給料を取り戻しましょう。〈びんご〉のことや〈ウイル〉のこと、N工業にいた時のことなど書いて送ってください。ベトナム語で写真でもいいです。気仙沼での仕事や給料のことも。

技能実習の在留資格延長はできませんでした。発行されたのは帰国準備のための「短期滞在」ビザでした。このため愛労連は8月24日、広島県労連とともに〈教文〉を広島入管に告発しました。広島県庁での記者会見にはマスコミ各社が取材に来て、地元のテレビでも放送されました。

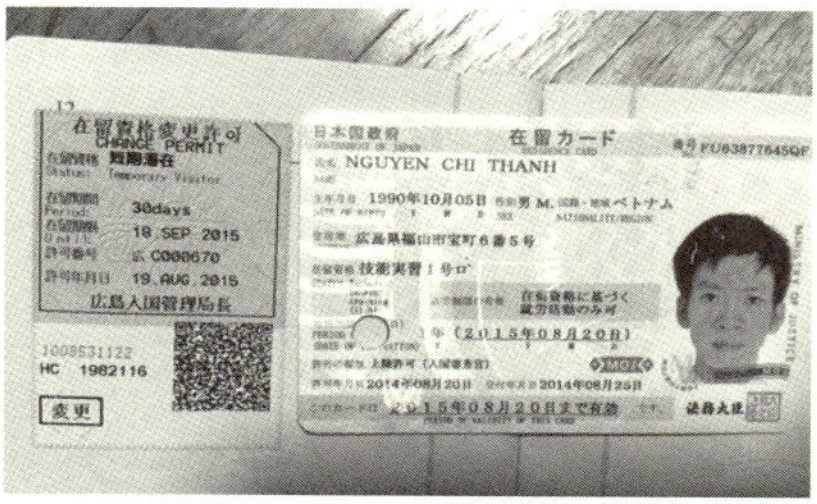

「短期滞在」ビザを発行

不払い賃金「欲しかったら取りに来い」

タン君は逃げた1月とその前月の12月の給料をもらっていませんでした。米子労基署から指導を受けたN建設会社は「会長が直接渡すから（米子まで）取りにこい」と言ってきました。しかし、そんなところに行ったら無事に帰してもらえる保障はありません。タン君には絶対行かないように伝えました。

このことを広島入管に伝えたところ、すぐに米子労基署から愛労連に「本人に聞きたい」と問い合わせがありました。その結果、再度労基署が会社を指導してくれたようです。タン君から「会社は銀行カードで給料払います」と連絡がありました。広島入管、米子労基署の監督官には感謝です。

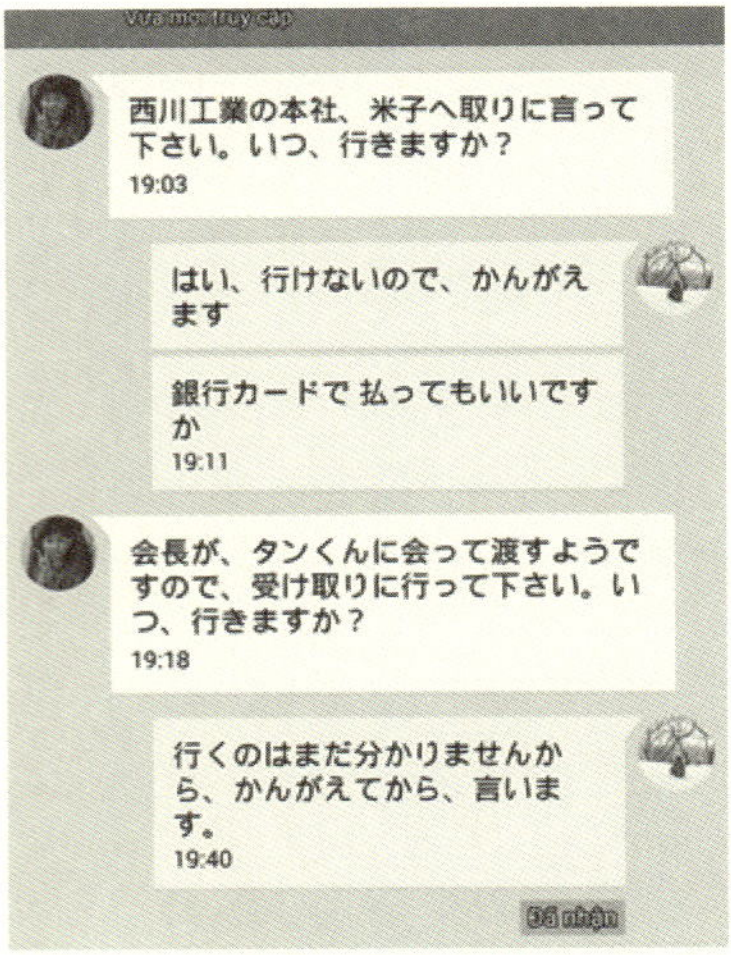

「(米子まで) 取りに来い」

実習のやり直しを

技能実習での在留資格延長を

タン君の頑張りで、とりあえず1カ月の短期滞在ビザを取りましたが、入管は技能実習での在留資格を認めませんでした。

そこで国会議員を通じて各省と交渉することにしました。

ブログ「外国人実習生支援」2015年9月12日より

法務省、厚労省、国交省に要請

昨日、技能実習制度の新法案についての議員レクがあり、その際に具体例として広島のベトナム人実習生の事件と北名古屋市の寮家賃問題について質問しました。入管の入国在留課はじめ、厚労省、国交省から担当課長はじめ10人ほどが対応いただきました。

新法案に関する部分は別として、事件についてはおおよそ以下のような話になりました。

広島の事件にかかわって

1. 技能実習制度の書類上の機関だけでなく裏の（実際の）派遣会社への調査については任意のため時間がかかるが調査は行う。

2. 実習種目、職歴が母国の書類にある機械製造・溶接でなく鉄筋施工、建設会社となっていることは不適正である。

3. 実習場所が本社から受注現場になっていることについては、厚労省は「雇用契約の変更にあたり書面の交付と本人にわかる説明が必要」、国交省は「受注場所というだけでなく県単位の説明が必要である」。入管は「実習計画に書かれている受託現場だけでは不十分である」ことを確認した。

〈教文〉への調査に時間がかかるとしても、「本人の在留資格については、2及び3について本人からも聞いた上で確認ができれば技能実習中断の正当な理由となる。その場合には1号の期間延長か、再度1年目から実習とすることができる」との回答があり、愛労連からは「溶接の受け入れ先があるので、実習のやり直しが望まれる」と話した。

T君の件については広島入管の審査官に、家賃については名古屋入管の統括に伝えました。

ところが、またしても法務省は抵抗します。実際に広島でビザの延長をしようとしたら、広島入管から「ビザの延長はできないから9月19日までで帰国するように」と言われました。法務省が「調査はするが、失踪者は帰国させる」と譲らないようです。

そこで再度法務省に電話しました。N補佐官からは書類偽造の証拠について、「帰国して民事裁判を起こせばいい」と言われました。「日本の企業による入管法違反がどうしてベトナムで民事裁判になるのか。入管の仕事だろう」と抗議しました。補佐官では話にならないので11日に出席した課長を呼び出し、やっと「ビザを延長する」との返事をもらいました。

2015・9・15 13:58

タン こんにちは、すみません、ビザを延長するのは名古屋入管ではできますか。あと3日ですから18日までです。延長はどうしたらいいですか。お願いします。

樽松　広島入管に行ってください。担当に話してあります。

タン　はい、明日行きます。ウイル・ユニオンにもどりません。

このあいだ、樽松さんと広島入管で会ったのを言っていませんから、ウイル・ユニオンは追い出しました。ウイル・ユニオンのアパートにとまれません。友達のアパートにとまります。

樽松　いま、広島入管と話しました。担当の上の人です。もう一度本部に聞いて返事をすると言ってました。

9・16　8：56

樽松　タン君の監理をしていたツ〇エさんは〈びんご真心〉の人ではなく、ブローカーでした。以前からN工業を担当していましたが、その組合が不正処分されたので、〈教文〉のM田社長に引き取ってもらったようです。入管は不正を隠すために強制帰国に加担しています。

〈びんご〉が企業に請求している送り出し管理費と〈TRACODI〉からの請求額に差があり、これが利益になっているという情報です。伝票を調べればわかるとのこと。これから書き直して、入国在留課長あてにファックスします。そちらにも送ります

9・16 13:01

樽松 法務省の入国在留課長から電話があり、ビザの延長をするので広島入管に行ってほしいとのことでした\(^o^)/ 調査は早急にするとのことでした。

9・18 11:20

タン 今日は10時半にはじめました。今待っています。

ビザの期限は10月19日までです。もっと長い期限をお願いしたんですが、それだけです。

まずは「短期滞在」ビザから、「調査を行い技能実習を認めることもある」という「特定活動」のビザに変えることができました。

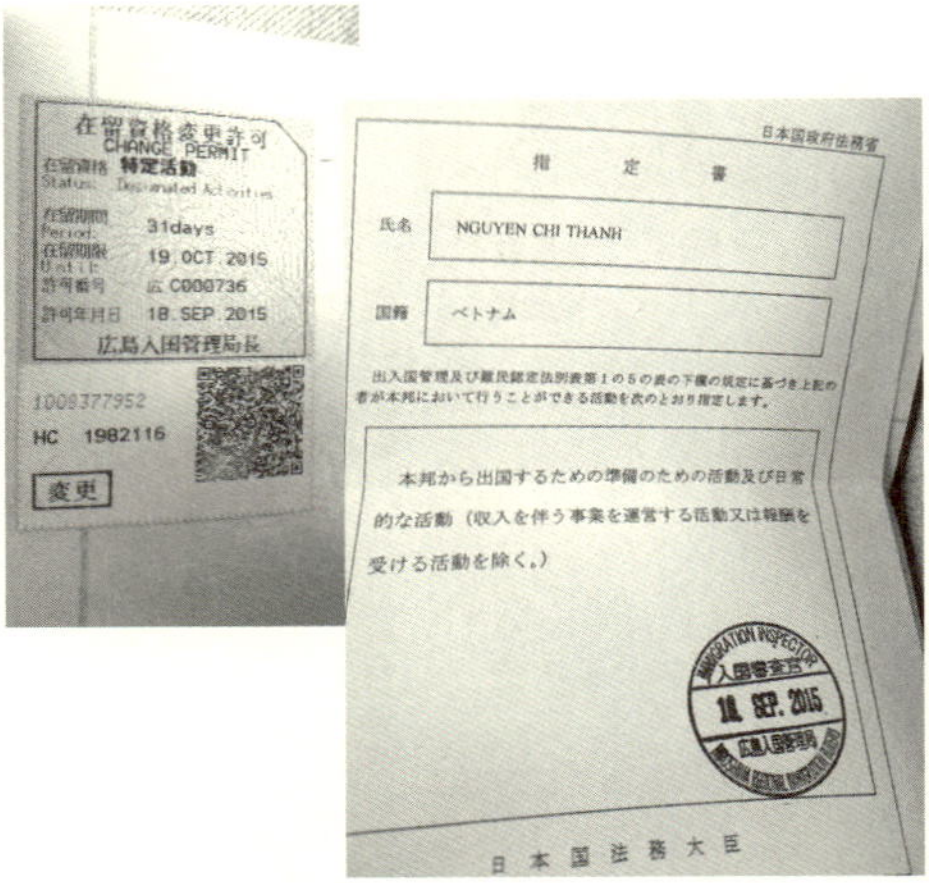

「特定活動」ビザに変更

「ツ○エって誰?」

法務省がビザ延長を再度認める前後に、さらに新しいことがわかってきました。実習生を監理していたツ〇エ氏は、当然〈教文〉か〈びんご真心〉の人だと思っていました。ところが広島入管から「榑松さん、ツ〇エってどこの人？」と聞かれました。ツ〇エ氏は〈びんご真心〉の職員でも〈教文〉の職員でもなかったのです。それでは誰が実習生を監理していたのでしょうか？

タン君の陳述書から

2014年9月14日に組合の人に会社に連れてもらいました。その人たちは1人の女性がびんご真心協同組合のスタッフ、もう1人の男性がKYOBUN協同組合のスタッフです。送ってくれてからその2人が帰りました。それ以来、私は組合の人とまったく電話又は連絡しませんでした。

2014年12月まで仕事が大変だから耐えられず、しかもどんなに頑張っても正誤を問わずN社長によく叱られました。我慢できないから有休をとって数日で休養するつもりでした。休んだ日の翌日、組合のツ〇エという人から、N社長の携帯を通して電話をもらいました。休んでいる間、私はびんご真心協同組合に助けを求めるために電話しましたが、その組合の管轄ではない理由で断られました。WILL UNION組合にもお願いしましたが、同じ理由で断られました。

報奨金について

2012年9月13日現在

新規の場合

新規獲得者・・・技能実習生一名につき40,000円　（入国後一括支給）
※入国キャンセル、在留資格不許可等の場合不支給。
※紹介者に謝礼をする場合や、支払が生じる場合は技能実習生一名につき25,000円。

継続（2期生以降）の場合

監理担当者・・・入国１件につき30,000円　（入国後一括支給）
※入国キャンセル、在留資格不許可等の場合不支給。
※人数を分けて入国した場合や面接を追加した場合など
企業が職業紹介手数料を同一で支払ったかどうかで判断する。　→面接費用の５万円の入金が歩合にあたる。
※途中帰国などで追加の募集の場合、帰国費用不払いや、入国前費用の値引きなど、組合が費用を負担する条件があった場合に限り報奨金は不支給とし、継続扱いとはしない。

面接に監理担当者が行かなかった場合でも関係なく支給する。

「教文」の報奨金の説明

〈教文〉は「報奨金」という名の手数料を払って、ブローカーに外国人実習生を担当させていました。ツ〇エ氏と同じような仕事をしていた人が、〈教文〉に対して報奨金の未払い金を請求する事件が福山地区労に持ち込まれ、そこで「報奨金」の仕組みがわかりました。

他の関係者からも、送り出し監理費の水増し請求について、「送り出し監理費には消費税がかからないから、消費税控除の資料を調査すれば不正がわかる」という情報も入りました。これらを逐一法務省に送りつけるなかで、9月18日からのビザは「短期滞在」ではなく新たな受け入れ先が見つかるまでの「特定活動」に変更されたのでした。

櫻花協同組合で逮捕者

そこに飛び込んできたのが、「櫻花協同組合」の役員が逮捕されたというニュースです。櫻花協同組合は、〈教文〉の元役員であるS氏が〈教文〉本社内に設立したもので、S氏は参与の名で、各地で技能実習生受入のセミナー講師をしています。

ブログ「外国人実習生支援」２０１５年９月18日

〈教文〉関係組合で逮捕

外国人実習制度のブローカーである派遣会社〈教文〉の関係組合で、暴力団絡みの横領で逮捕者が出ました。

櫻花協同組合というのは、〈教文〉の役員でしまなみ国際協同組合の代表者であったＳ氏が作った組合で、設立時は〈教文〉本社のなかにあった。Ｓ氏は今も、派遣会社〈教文〉のなかにあるびんご真心協同組合の監査をやっている。

Ｔさんは、ベトナムではびんご真心協同組合の名で手続きがされていた。入管は直ちに調査すべきである。

＊＊＊

外国人技能実習生の受け入れを行っている福山市の協同組合の代表理事ら３人が、技能実習生を紹介された企業から支払われた組合費３８８万円を着服したとして、業務上横領の疑いで逮捕されました。

組合の使途不明金は１億円以上に上るということで、警察は着服した金の使い道や余罪について捜査を進める方針です。

逮捕されたのは、外国人技能実習生の共同受け入れ事業を行っている福山市若松町の「櫻花協同組合」の代表理事、尾崎元彦容疑者（51）ら3人です。

警察によりますとこの協同組合は、中国とベトナムから来日した技能実習生を広島や埼玉、大阪など11の企業に紹介する事業を行っていて、紹介した人数に応じて企業から支払われた組合費で運営されていますが、3人はおととし、組合費388万円を尾崎代表理事が管理する口座に入金し着服したとして、業務上横領の疑いが持たれています。

警察は3人の認否について明らかにしていません。

警察によりますと、3人が組合トップの代表理事のほか理事に就任した4年前以降、組合の使途不明金は1億円以上に上るということで、警察は着服した金の使い道や余罪について捜査を進める方針です。（NHK広島 9月15日）

この間も、ブログを見た関係者から情報がよせられて来ました。（原文ママ）

福山のブローカーに関する記事を読んで　2015・10・8　23：05

愛労連様

福山のブローカーに関する記事を偶然拝見し、メールした次第です。

私は、〇〇〇〇〇です。

M田が実習生受入に直接関わるのは、しまなみ国際協同組合が初めてです。当時はM田は裏であれこれ指示を出して、当時からお金稼ぎだけで人扱いのひどい人間でした。あれから8年以上経っていますので、何か有益な情報の提供はほとんどありませんが、入管の審査が甘いのを利用して、今では複数の組合、送出し機関を悪用して暴利を貪っている記事を拝見し強い憤りを覚えました。以前は、中国の大連に懇意の送出し機関があり、日本語学校も運営していましたが、ベトナムに鞍替えしたようですね。

愛労連様の告発によって、教文の関係する組合は受入停止処分をくらうこととは思いますが、現在受入している実習生たちの新たな受入先に関して、懸念があります。

教文の直接関係する組合以外に、福山には元しまなみ国際協同組合の理事長をしていたSというM田と同様受入事業で暴利を貪っている者が櫻花協同組合で動いており、G事業協同組合は、M田を真似て受入事業を始めています。この2つの組合はおそらく裏でM田と繋がっているか関係が深いと思いますので、受入停止処分をくらって、新たな受け入れ先を見つける際は、この2つの組合が裏で動いて、結局はM田は裏で動きながら事業に関与できるのかもしれません。

そこまで監視するのは難しいかもしれませんが、この2つの組合は、他に教文が裏で関与している可能性の高い組合を避けていただけるよう入管には強くお願いできればと思います。M田やSのような人間がこの事業に今後一切関わることが無いよう厳しい処分を期待しています。

新たな受け入れ先確保に入ったが

特定活動のビザを取れたことで、新たな受け入れ先探しが本格的に始まりました。ブログを見た知り合いの受入機関から「紹介してもいい」という連絡があり、10月9日には受入組合との面接、実習先企業での見学まで行われました。ベトナムの送り出し機関の書類が必要なため、愛労連から〈TRACODI〉に失踪が取り消されたことを伝えて、新たな受入先に必要な書類を依頼しました。15日には〈TRACODI〉から愛労連に了解したと電話が入り、この受入機関にベトナムへ行ってもらいました。

2015・10・6　16:39

榑松　今日、国会議員の清水さんが入管と交渉して、タン君が実習生としてやり直すことができるようになりました\(^o^)/　これから手続きを始めます。新しい組合と相談して連絡します。

10・13　11:27

タン　Ｉ組合の通訳に電話してもらいました。約束は16日に新しい会社で会います。仕事は鉄を切ります。16日にわかります。

榑松　溶接より溶断＝切る方が多いようですが、できたらそこでやってください。通訳とよく話して。決まればすぐにビザの延長もしてもらってください。

10・15　11：37

榑松　〈ＴＲＡＣＯＤＩ〉から電話がありました。失踪通知は取り消す。新しい受け入れが決まったら書類は作ると言ってました。足りないのは後で出すことにしてあります。Ｉ組合の人が日曜日にベトナムに行きます。〈ＴＲＡＣＯＤＩ〉に書類を送ってもらいます

タン　今朝仕事も見ました。はい、ビザできると、すぐ引っ越しします。

ところがＩ組合がベトナムに着いた時には〈ＴＲＡＣＯＤＩ〉の態度はまったく変わっていました。〈ＴＲＡＣＯＤＩ〉は、「タン君の日本での素行が悪い」ので「書類は出せない」と言ってきました。そのためＩ組合もキャンセルしてしまいました。〈ＴＲＡＣＯＤＩ〉はタン君に「１００万円出すのでベトナムに帰ってこい」と言ってきました。これは〈教文〉の差し金だと思われます。

「教文」の新しい送り出し機関

このころ〈教文〉は〈ＴＲＡＣＯＤＩ〉の日本担当を独立させ、ベトナムに新たな送り出し機関を作っていました。社長には元〈ＴＲＡＣＯＤＩ〉の社員が就任していました。ベトナムの求人広告には、「ホーチミンで日本語学校　外国人実習生送り出し機関経営」と書いてありました。

結局、この受入先はキャンセルになりました。

12月8日、仁比総平参議院議員にお願いして、〈教文〉の不正について法務省と交渉を行いました。仁比議員は、２０１４年の国会でブローカー「ＩＴＣ」の事件を追及し、その時法務省は、派遣会社への監理委託について「受入機関が直接指揮命令している場合は不適正とは言えない」と逃げました。しかしタン君の事件では、名義上の受入機関〈ウイル・ユニオン〉は何の指揮命令もしておらず、委託を受けたツ○エ氏も気仙沼には一度も行っていません。これだけ不正が明らかになっても「調査中」という法務省に怒りが爆発しました。

結局ビザは再々延長することになりました。

2015・12・8

気仙沼から逃げて来たベトナム人実習生の件。仁比聡平さんに同席いただき、法務省に再実習の許可を求めました。不正については全面的な調査に時間がかかると言いつつ、未だに実習生受け入れを続けていることに仁比さんが厳しく批判。

タン君の件についても厳しく迫り、はっきり返事はしませんでしたが、可能性もゼロではありません。入管はとにかく「一度帰国して」の一点張り。これがどれだけブローカーの不正を許してきたかまったく反省なし。

2015・12・9

法務省の官僚は、逃げてきたベトナム人実習生に問題があるかのような発言を繰り返した。具体的なことは言わずに、「他にも聞いていることがある」と言う。

こちらからは不正の具体的な証拠を出してあるのに、それは調査中として受入機関から聞いた話ばかりで、「他にも失踪の理由がある」と決めつけて、頭から「一度帰国」と言い張っている。

逃げて「すぐに入管か労基署に行かなかったから」とも言うが、何の証拠も持たずに言葉の通じないベトナム人が行った時に、入管や労基署が対応できると思っているのか。そんなところに行ったら、すぐに帰国させられてしまうと思うのが当然だ。自分たちのことはまったくわかっていない。
家賃4万円の件は「調査が済んだ」と言うので名古屋入管に問い合わせたら、「結果は教えられない」という。どうしろと言うのか。絶対に許せない(*`へ´*)

I組合とは別の受け入れ先も見つかったのですが、人数枠の例外が認められずに断念したまま年を越すことになりました。そして年明けに三つ目の受入機関にお願いして新たな受入先の会社を紹介してもらうことになりました。この時には名古屋入管も「送り出し機関の書類はもういいです」と言ってくれました。2016年1月16日のビザの延長手続きの際には、「すでに入国し1カ月の講習も済ませたところから」という扱いになり、受入企業が見つかればすぐにでも許可されるような話でした。

後でわかることですが、この時点で書類上の受入機関〈ウイル・ユニオン〉の処分がされていたのだと思います。

愛労連にはこんなメールが入りました。(原文ママ)

2016・1・15　11：28
参考になるかどうかわかりませんが、教文に関しての情報をお伝えします。

以前、教文の関係者であった人物からの話です。

教文（実質的にはM田社長）は、以前より既報のようにブローカーを使って取引企業を増やしていますが、その実数は10人近くいるようです。教文のブローカー業のみで食べている人もいるとのことです。また、社員の中には完全歩合制の人もいるようです。ブローカーにしろ完全歩合制にしろ、実習生1人を入国させれば10万円程度の手当てとのことです。

また、教文は複数の組合を持って、さまざまな行いをしていますが、実質的に今はJ&V協同組合と備後経済協同組合であり、その懐は同じです。問題のある企業を一方に集め、何かあってもそちらのみを閉鎖して、また臆面もなく営業を続けており、今回もJ&Vのみをつぶして生き続けるでしょう。

そもそも組合は、利益を上げてはいけない団体のはずであり、このことだけでも処分の対象にしなければならないはずです。この点は政府関係者はどう考えているのでしょうか？

またブローカーを多く使っているため、かなりいいかげんな経理処理をしているようです。帳簿を調べれば、前述2つの組合が実質2つの顔を持った1つの組合であることや、ブローカーへの返戻金などの実態も容易に判明すると思いますが。

このまま、M田という人間を安閑とさせてはいけないのではないかと考えます。

ご健闘を祈ります。

法務省との4カ月のたたかい

すぐに許可されるはずが

1月26日に名古屋入管と東海外国人支援ネットワークの意見交換会が行われました。技能実習生問題について名古屋入管は次のように回答しました。

質問　「現地に赴いて」というのは「受託現場」になるのでしょうか。

回答（要旨）「現地に赴いて」というのは本社のことではなく、実際に実習を行っている場所に行って実習生から直接聞き取ることが必要である。1年目の実習生については監理機関が月に1回行く必要がある。行っていない場合は不正になる。

「指針」では1年目の実習生は「1月につき少なくとも1回、監理団体の役員又は職員が実習実施機関に赴いて技能実習の実施状況を確認し、適正な技能実習の実施を指導しなければならない」「3カ月に1回以上行う必要がある監査については現地に赴いて技能実習生から進捗状況を直接聴取」となっています。

しかしタン君の件では実習計画書に就業場所を「受託場所」と書くだけで、本社のある鳥取県から東北に派遣しながら監理団体も〈教文〉も一度も現地に来ていませんでした。タン君が休んだ時にも〈教文〉の雇っているブローカーが電話してきただけです。これなら〈ウイル・ユニオン〉は間違いなく不正になると確信しました。

意見交換会の後、2月1日に新たな受入企業の書類を整えて名古屋入管に申請を行いました。このような経過でしたので、名古屋入管も安心して「通常だと1週間くらいで許可が下ります」と言っていました。私たちは2月7日に外国人実習生交流会を開催して「在留許可が認められることになった」と報告しました。

ブログ「外国人実習生支援」2016年2月9日より

実習生交流会

2月7日労働会館で外国人実習生の交流相談会が開催され、ベトナム、中国、フィリピンの実習生4名の他留学生、通訳、支援者など20名が参加した。(『中日新聞』2月8日)

交流会では各実習生が自分の経験、現況などを報告し、そのあと実習生への質問や実習制度についての意見交換などが行われた。気仙沼から逃げてきたベトナム人実習生は8カ月ぶりに実習を1年目から再開することで申請手続きが進んでいる。北名古屋市の○○○○で寮費4万円を

就労先の問題点 訴え
熱田 外国人実習生が報告会

中日2/8

来日してからの経緯を話すベトナム人実習生のグエン・チー・タンさん㊨＝熱田区の労働会館で

外国人技能実習生を取り巻く就労環境の悪化が社会問題となっているのを受け、県労働組合総連合（愛労連）が七日、熱田区の労働会館で初の相談・交流会を開いた。受け入れ企業の法令違反などを訴える実習生四人が現状を報告し合った。

ベトナム人のグエン・チー・タンさん(二七)は、溶接技能を習得するため二年前に来日。ところが、仲介した広島県の派遣会社に了解もなく職種を「鉄筋施工」に書き換えられ、東日本大震災で人手不足だった宮城県の建設現場に派遣された。

「日当は少なく、雨の日は無給になるなど、ひどい状態だった」と訴えた。

言葉も分からず、友人のつてで愛労連に助けを求めるまで、相談先も分からなかったという。

愛労連の榑松佐一議長は「外国人労働者の増加に行政の支援体制は全く追いついていない。不正な業者やブローカーの被害に遭っても、多くは泣き寝入りしているのが現状だ」と指摘した。

中国やフィリピンからの実習生も参加。弁護士や行政書士も立ち会い、抱えている問題を聞き取った。（安藤孝憲）

『中日新聞』(2016年2月8日)』

取られ団体交渉を行ったフィリピン人実習生も来日し、経験を報告した。それぞれの支援者の他にも行政書士や弁護士などこの問題に関心をもって参加してもらえた。テレビ、新聞各社も多数取材に来られ、『中日新聞』が掲載した。

ところが、すぐに下りるはずの許可が2週間経っても「本省の許可が下りない」。法務省に直接問い合わせると、補佐官からは「通常通りの審査をしている」との回答です。

さらに申請から1カ月がたち、お願いした受入機関からは「とっくに許可されているはず」と何度も催促の連絡がありました。法務省を問い詰めると「他の案件と同様に所定の審査の上で処分するというほかありません。特例期間（元々の在留期間の満了から2カ月）内には結果を出すこととなります」という返事のメール。つまりビザのある3月16日までさらに引き延ばすと言うのです。

愛労連が〈教文〉の不正を告発したのは前年の6月。入管がさっさと不正を調査していればとっくに処分が済んでいるはずなのに、やっと前月に調査を始めたところ。新法案が成立してもこんなに待たされるようでは、果たして、失踪者が入管に申告に行くようになるでしょうか。

〈教文〉が処分されていた?

その時です。知り合いの行政書士からメールが入りました。法務省入国管理局が2月26日発表した『平成27年の『不正行為』について」の情報です。これを見てビックリ! ここに書かれた最後の事例が、まさにタン君の告発した事件とぴったり同じでした。

ブログ「外国人実習生支援」 2016年3月1日

これは〈教文〉ではないのか

法務省は先ほど平成27年の不正事例を報告しました。その最後の事例に次のようなものがあります。

監理団体における「不正行為等の報告不履行」・「監査、相談体制構築等の不履行」

「監理団体における「不正行為等の報告不履行」・「監査、相談体制構築等の不履行」」とは、技能実習の継続が不可能となった時の地方入国管理局への報告を怠り、あるいは、団体要件省令に規定する監理団体が不正行為を行った時の地方入国管理局への報告を怠った場合や、同じく団体要件省令に規定する監査、相談体制構築等の措置を講じていなかった場合である。

【事例】監理団体は、実習実施機関のうちの一部の機関に対しては自らは監査を行わず、業務委託契約を締結する等した企業に「監査」を行わせた。※本事例では、監理団体のほか、当該監理団体が行うべき「監査」を代行して行っていた企業（1機関）に対しても「不正行為」を行ったと認められる旨を通知した。

「監査を代行して行った企業」とはまさに〈教文〉のことではないか。〈ウイル・ユニオン〉は「初めての受け入れだった」ため、入国から監理まですべてを〈教文〉に委託していたという。〈教文〉は〈びんご真心〉の名前でツ〇エ氏にN工業を担当させ、気仙沼にいたT君に電話したのもツ〇エ氏である。

「指針」では1年目の実習生は「1月につき少なくとも1回、監理団体の役員又は職員が実習実施機関に赴いて技能実習の実施状況を確認し、適正な技能実習の実施を指導しなければならない」が〈ウイル・ユニオン〉も〈教文〉も一度も気仙沼に行っていない。またツ〇エ氏は〈びんご〉の職員ではなく〈教文〉の「報奨金」で使われていました。まさにこの処分にぴったりの事件です。果たして〈教文〉は処分されたのでしょうか？

のちにわかるのですが、この「監査を業務委託した企業」は〈教文〉が使っているSV社で、ツ〇エ氏はその会社の代表をしていました。

フェイスブックページ「外国人実習生支援」

2016年1月から作った「フェイスブックページ」で、もっと多くの皆さんに外国人実習生問題を知らせることにしました。

ここで「タン君事件」のネット署名をシェアで拡散し、次々と法務省に届けられるようになりました。署名は外国人のなかでもシェアされ、拡散していきました。

ブログ「外国人実習生支援」　2016年3月8日

〈教文〉関係のJ&V（びんご真心）と〈ウイル・ユニオン〉が処分か？

今日、〈教文〉に詳しい方から「J&V（旧びんご真心）協同組合とウイル・ユニオンが受入停止になっている」との情報※がありました。入管の発表はありませんが、1日の当ブログで書いた法務省の「H27年度の不正事例」にある事例とタイミングも内容もぴったりです。間違いないと思われます。

〈教文〉とみられる監査を代行していた企業も不正を行っていたと認定されたとすれば、外国人実習制度では画期的なことだと思います。みなさんからの情報をお願いします。

不自然な長期審査

〈教文〉が27年度に処分されていたのなら、気仙沼から逃げてきたタン君のビザ更新はすぐにでも行われなければなりません。ところが法務省は2月1日に新規受け入れ先の書類を受け取って、未だ許可を下ろしません。

昨日（3月7日）、タン君の面接でも入管は〈教文〉や〈N工業〉〈びんご真心〉のことはまったく聞かなかったそうです。これは処分が済んでいたからでしょう。入国や新たな実習に関わる聞き取りはほんの少しで、2時間の大半が失踪後や現在のことばかりでした。法務省は昨年9月に要請した時も頭から「逃げたのはもっと給料の高いところを探すため」「不法就労をしていてビザが切れそうになったから愛労連に行った」と決めつけていました。〈教文〉の不正については「それは別に調査するから」と言うばかりでした。

これは受入審査にかこつけて、他のベトナム人のことを聞き出そうとしているのではないかと疑われます。別件逮捕ならぬ別件調査で期間を延ばし、その間に逃げるのを待っているのでしょうか。

※関係者からのメールです。

2016・3・11　2：50

〇〇です。

今年に入ってからJ&Vの事務所に入管の監査が入ったことは間違いありません。

また、近日教文へも入ると職員から聞きました。

まだ処分は決まってないようですが、受け入れ禁止となることを見越し、J&Vとしては新規受け入れをストップするとブローカーに対して連絡を入れたようです。

本年4月ごろに入国予定であったベトナム人22名は、受け入れ企業へJ&Vから備後経済への変更を依頼し了承されたと聞いています。J&Vの顧客である企業に対しては、何も言っていないようです。

教文は、以前持っていた〇〇〇という組合を去年末売却し、J&Vもほとぼりがさめたら売却の予定のようです。

東京に△△△という名前の組合も持っています。

結局J&Vやウイルユニオンが受け入れ停止となっても、備後経済や△△△が生き残るのではあまり意味がないと思われます。同じ経営者なのですから、関連するすべての組合を処分すべきでは、と思うのですが。

メールにありました実際に監査を行った企業というのは、広島の株式会社SV、代表取締役ツ〇エ、広島県安芸郡＊＊＊などで、問題となっているN工業もこの方の顧客です。総会を開いたように見せかけて、急遽ブローカーを理事に入れたようですが。（去年10月ごろ）
私の聞いていることは以上です。

2016・3・11　15：30

〇〇さん

ありがとうございます。やはり、受け入れ停止はまちがいないですね。福山駅前のコンビニからFAXで△△△の資料も送られてきました。

本部は静岡県で1月27日に東京と広島に第二事務所を開設しました。

福山市南蔵王町〇丁目□□番〇〇号

またフェイスブックの友人から、ベトナムでの住宅建設現場の写真も送られてきました。鉄筋などまったく使われていません。

ベトナムでの建築現場

日弁連に人権救済申し立て

特例期間の3月16日までには法務省に電話をかけ続けました。しかし何の返事もありません。やっと3月15日に、「明日入管へ連れてくるように」と連絡が入りました。その結果は、「許可も不許可もしない」で「調査期間を延長」。調査の内容も、「特例期間中」と言っていた期間の延長の理由も、まったく説明がありません。行政には処分を行うための標準期間が必ず設けられているはずです。何の根拠もなく引き延ばすことは許されないし、理由の説明もないのはまさに法務省の権力行政に他なりません。

「これは帰国理由を作るための引き延ばしに間違いない」と判断し、弁護士に相談して法務省を人権侵害で訴えることにしました。一晩で申し立て書を完

賛同書

愛知県労働組合総連後が外国人実習生の在留許可申請に関わって提出した「人権救済の申し立て(3月16日)」に賛同します。

青山　學（弁護士）
※元愛知県弁護士会会長
花井増實（弁護士）
※前愛知県弁護士会会長
渥美雅康（弁護士）
岩井羊一（弁護士）
後藤潤一郎（弁護士）
荒川和美（弁護士）
矢崎暁子（弁護士）
高木輝雄（弁護士）
織田幸二（弁護士）
平松清志（弁護士）
山下陽平（弁護士）
山内益恵（弁護士）
青木有加（弁護士）
川口創（弁護士）
福井悦子（弁護士）
伊藤勤也（弁護士）
白川秀之（弁護士）
水野幹男（弁護士）
内川恵一（弁護士）
家田大輔（弁護士）
村田直樹（弁護士）
小野万里子（弁護士）
岡村晴美（弁護士）
金井英人（弁護士）
久野由詠（弁護士）
柘植直也（弁護士）
中谷雄二（弁護士）
長谷川一裕（弁護士）
原山恵子（弁護士）
稲葉健一（司法書士）
本　秀紀（名古屋大学教授）
宮尾　克（名古屋大学教授）
和田　肇（名古屋大学教授）
折出健二（愛知教育大学名誉教授）
朝倉美江（金城学院大学人間科学部教授）
大木一訓（日本福祉大学名誉教授）
中須賀徳行（岐阜大学名誉教授）
小中陽太郎（日本ペンクラブ理事）

2016/3/20 現在

日弁連への申し立ての賛同書

成させ、翌朝には速達で日弁連に郵送。申し立ては18日に受理されました。

この申し立てには日弁連の副会長経験者である愛知県弁護士会の元会長、前会長など多くの弁護士、法律研究者が賛同を寄せてくれました。

法務省の報復捜査

日弁連への人権救済申し立ては連休中の19日に法務省にFAXしました。ところが連休明けの22日、タン君から「住ませてもらっている友達のところへ入管が来た」と連絡が入りました。名目は他の不法就労の調査でしたが、それとは関係のない留学・研修審査部門の担当者もいて、タン君の1月のアルバイト給与明細を持って行かれました。やはり調査期間延長の理由は帰国させるためのものだったと確信しました。

ところが、この捜査の翌23日に〈教文〉関係の櫻花協同組合の役員が2000万円の着服で起訴*されました。24日の法務省交渉でN補佐官が嬉しそうに「退去理由を見つけました」と言うので、こちらからは「櫻花協同組合で役員が起訴され〈ウイル・ユニオン〉も〈びんご真心〉も不正処分で受入停止になっている」と反撃しました。すると補佐官は〈ウイル・ユニオン〉は、「処分ではなく措置だ」と説明。つまり〝不正認定〟したことを認めてしまいました。

また、J&V協同組合（びんご真心）の処分については明確に言わず、審査の過程で受け入れを認めていない「事実上の受入停止」であることを明らかにしました。〈教文〉は処分されていませんでした。送り出し機関〈TRACODI〉からの受け入れは認めていないようですが、〈教文〉が新しく作った送り出し機関「教文教育センター」からの受け入れは否定しませんでした。

受入機関が不正認定を受けたのですから、タンくんの新たな実習先確保の責任は受入機関である〈ウイル・ユニオン〉にあります。補佐官が不正措置の時期を言わないので、「法務省の発表した不正事例にあるものがウイル・ユニオンだろう。処分は昨年中に行われていたはず」と追及すると、一切答えなくなってしまいました。受入機関を不正認定した日付を、告発した実習生本人にすら言わないのです。ここから法務省は、在留申請を「許可も不許可もしない」引き延ばしに入ったのです。

＊代表理事に3年6月求刑　福山実習生組合事件

2016・3・22　15：57

〈拡散のお願い〉気仙沼から逃げてきたベトナム人実習生の事件。木曜日に法務省在留課長に対して日弁連に人権救済を申し立てた。しかし今朝になって家宅捜索が行われ、働いていた証拠を押収されました。

タン君には会社が不正処分されたことも教えず、9カ月もほったらかしにしておいて、新たな受け入れ先を見つけたらこういう調査を行って強制帰国させようという法務省に抗議します。今週からはじめる実習生新法の審議で「教文」の不正とあわせて取り上げてもらいます。

最後は衆院法務委員会に乗り込んで

法務省が〈教文〉の不正を調査せず、タン君については「許可も不許可もしない」という態度をとるなか、外国人実習制度の新法案が4月から審議入りの予定となりました。法務、厚労の連合審査を数回開いて一気に通過させるつもりだとの情報も聞かれるようになってきました。しかし、巨悪の不正には目を閉じ、逃げた実習生には審査期間を延ばしてでも帰国理由を作り出す法務省では不正はなくなりません。国会で畑野君枝議員に新法案の問題点を徹底追及してもらうために資料を集め、全労連にも法務委員宛の要請署名に取り組んでもらうことにしました。

そしてここからはネット署名とブログで、連日法務省を責め立てることにしました。フェイスブックページとブログで「不正を告発したベトナム人実習生の在留を認めよ！」のネット署名を展開。国内外から600名を超える署名が入国在留課に次々と送られました。

議員秘書の話では法務省もこのブログを気にしているようでした。4月6日に名古屋入管が調査に入った時には、スマホのフェイスブックを見ていました。また国会審議が始まったこともあってマスコミもさらに関心をもってくれました。

ブログ「外国人実習生支援」　2016年3月31日
2000万円の利益をあげても「非営利団体」

受入機関に不正処分が行われていた！

3月24日に国会議員室で入国在留課N補佐官から説明を受けました。席上法務省は書類上の受入機関である〈ウイル・ユニオン〉を不正行為認定で「措置した」と認めましたが処分の時期については「なんとも言えない」と明言を拒否しました。

「2000万着服で起訴」でも「申請は非営利団体」「不正の類型にない」

業務委託先の〈教文〉がツ〇エ氏などに「報奨金」を渡して外国人を監理している資料を示しました。法務省は〈教文〉への委託は認めていますが、「これらの行為が不正事例の類型にあたるか調査している」と言うに止まっています。

〈教文〉の元役員S氏が〈教文〉本社内に設立し参与となっている櫻花協同組合で役員が2000万円の着服で起訴されたことについて「実態は営利団体ではないか」と聞きましたが、

「事業協同組合なので営利団体ではない」「不正の類型にない」として入管として調査はしていないようでした。

ブログ「外国人実習生支援」　２０１６年４月１日

〈教文〉Ｍ田社長の不正を暴かれないためか

法務省は〈教文〉のＭ田社長が送り出し機関〈ＴＲＡＣＯＤＩ〉広島支部の代表になっていることを承知しており、「営利機関が送り出し機関に関与していることがわかれば慎重に審査する」と回答しました。しかし、〈教文〉が新たに設立した送り出し機関教文教育センターについては言明しませんでした。

タン君によれば、〈教文〉がホーチミンに作った新しい送り出し機関の社長は〈TRACODI〉の人です。メルアドを見ると"tracodi"の文字が入っていました。急いで作ったので変更できなかったのだでしょう。

法務省は〈教文〉に関係にふれてほしくないのでしょうか。〈教文〉と〈ＴＲＡＣＯＤＩ〉のことを知っているタン君を帰したがるのはこれが理由でしょうか。

ブログ「外国人実習生支援」　２０１６年４月６日

考慮すべきは法務省の不作為

6日衆院法務委員会で質問

畑野さんはタンさんの受入れ機関の書類偽造、実際の監理は別のブローカー企業に行わせていたこと、K〈教文〉のなかに送り出し機関の支部があり、Kの社長が代表となっていたことを説明。また同社内には複数の受入機関があり、そのうちO（櫻花）協同組合は昨年2000万円の横領で役員が逮捕されている。

遅くとも昨年末までには名目上の、この事件に関わった二つの受入機関が失踪の直接の原因である「指導体制の不備」で処分を受け、企業には不正行為が通知されているとして「契約した「職種」と現実に従事する「職種」が異なっている場合、受入れ機関の不正行為にあたるか」「悪質なブローカーの存在を認めているが、法案でどのような対策がとられるのか」と不正な機関への対応を追及した。

「諸般の事情」と言うなら「入管の不作為」こそ

その上で監理団体等の「不正行為」が理由で技能実習が継続できない場合について質問。入国管理局長は「受入機関が新たな実習先を探すよう指導している」、技能実習生に対しては「（不正処分された）当該機関から説明がなされていると承知している」と答弁した。

低賃金・違法労働 拡大

外国人技能実習法案ただす

衆院委で畑野氏

外国人技能実習法案が6日、衆院法務委員会で審議入りし、日本共産党の畑野君枝議員が質問に立ちました。

外国人技能実習制度では違法な働かせ方や人権侵害が問題になっています。法案は、実習生保護などを目的にうたう機構を創設する一方、実習可能期間の3年から5年への延長や対象職種の拡大などで、実態として低賃金・単純労働者の受け入れ手段となってきた制度の深刻な問題を拡大する内容です。

畑野氏は、あるベトナム人実習生が、実習計画の職種とは異なる仕事で酷使され、問題を訴えたら帰国させられる恐れが出てきたため失踪した事例を取り上げ、入国管理局は受け入れ機関などの不正で実習継続が困難となった場合の対応を実習生に説明しているのかとただしました。入国管理局の井上宏局長は、受け入れ機関が「計画の職種と異なる職種の技能実習を実施しているような場合は不正行為にあたる」と述べたものの、「当局からは直接、実習生に不正行為があった場合の対応は説明していない」と答弁しました。

岩城光英法相は「人権侵害を受けやむをえず失踪した場合、実習生が引き続き他の機関での実習を希望するときは個々の事案に応じて引き続き在留を認める」「法案では実習生の転籍を支援する体制を整備する」と答弁しました。

畑野氏は、相次ぐ技能実習生の死亡事故（2014年度34件）や自殺事例、高すぎる寮費問題などをとりあげ、現状の改善を求めました。

質問する畑野君枝議員＝6日、衆院法務委

外国人技能実習制度　「国際貢献」「技能移転」などを名目にしながら、実態は低賃金・単純労働力の供給手段として利用され、中国、ベトナム、フィリピンなどから現時点で約19万人の労働者を受け入れています。

『赤旗』（2016年4月7日）

受入機関が処分されたTさんの在留資格延長について局長は、「どのような在留状況で経過し、今日にいたったか諸般の事情を考慮して判断」と答えた。人権侵害が合った場合の対応を聞かれた大臣は、「個々の事案に応じて引き続き在留を認める等適切に対応する」と答えた。

この答弁でタン君の在留はほぼ認められると思われました。4月8日に16日のビザ更新について入管から電話があった時には、「さすがに今度はすぐに許可される」という印象でした。ところが申請書類を再提出する時に言われたのは、「許可するかどうかは再度申請書を見てから」とのことでした。それならなぜ、同じ申請書をまた出さないといけないのか。

在留課補佐官が人事異動

実はこの間に入国在留課のN補佐官が異動していました。該当する法案の審議中に担当補佐官が異動するのは不可思議でした。また新しいW補佐官の話では、3月16日に調査期間を延長した時に前回の在留許可申請は「許可にも不許可にもしない」という「行政処分」を行ったので、在留許可申請はここで「取り下げ」になっているとのことです。それで今回、再度申請書を出す必要があると言います。そんな話は聞いていません。それでは取り下げていたこの1カ月間はなんだったのか。まさに法務省が強制帰国の証拠を作り出すための1カ月だったとしか言いようがなく、まさに「不作為」の上塗りです。

このあと、4月21日からの法務委員会で外国人実習生問題が集中的に審議されることになっていました。畑野氏と連日資料を交換し、タン君の問題を徹底追及してもらうことにしました。

2016・4・21

19日に行われた法務委員会。技能実習制度の新法案に入管法改正案も追加された。実習生が逃げたらただちに在留資格を取り消すというもの。「正当な理由がある場合を除く」とあるが、タン君の事件を見れば、これがいかに難しいかわかる。

答弁を聞くと、法務省は逃げるのはカネ目当てと決めつけており、不正をなくそうという気はない。外国人に対する人権感覚が欠如。

4・22

「不正行為の認定がされた場合からお答えいたします。当該受入機関で不正行為が認定されますと、受け入れの継続ができなくなります。技能実習を継続することができなくなりますので、そのような場合には、従来から、監理団体等に対しまして、ＪＩＴＣＯ等の協力を受けるなどして新たな受け入れ先の確保に努めるよう指導しているところでございます」（井上入管局長）と言ってるじゃないか。いつまでも許可しないんなら、法務省の責任でこの答弁通りやれよ。

4・26

入管局長が答弁しても、いまだに在留許可を下ろさない法務省に批判の声が広がっています。今日は『毎日新聞』がタン君のことを載せてくれました。

来月の10日に公聴会で発言することになりそうです。法務省の人権侵害発言を全部しゃべってしまおうと思います。

マスコミに記事が出始める

「約束と違う」やり直し求め半年

愛知在住　ベトナム人技能実習生

技能実習やり直しを求めるベトナム人男性＝名古屋市の名古屋入国管理局で

外国人技能実習生として溶接技術を学ぶ約束だったのに、全く違う仕事に就かされた愛知県在住のベトナム人男性(25)が苦境に立たされている。半年以上、法務省に実習やり直しの許可を求めているが、同省が就労を禁じたまま決定先送りを続けているためだ。

今の在留資格は、審査の待機名目で昨年9月に出た「特定活動」。就労はできず、男性は「もう生活を続けるお金がない」と嘆く。

支援する愛知県労働組合総連合(名古屋市)によると、男性は2014年8月に来日。広島県の受け入れ団体からはベトナムで従事していた溶接の技術が磨けると説明されたが、実際は宮城や島根などの工事現場で鉄筋を運ぶ単純労働だった。

「何のための実習か分からない」。昨年1月に東北の復興工事現場を逃げ出し、半年ほど友人宅を転々として、つてを頼って愛労連に駆け込んだ。その後、受け入れ団体が男性の職歴を「鉄筋施工」と偽って入国させていたと判明。男性と愛労連は実習やり直しを求めて9月から法務省との交渉を開始した。法務省は交渉過程で、溶接が学べる新たな職場を探すよう指示。東海地方で新たな受け入れ企業を見つけたものの、法務省の審査が終わらず実習に入れないという。

技能実習は同じ職種で最長3年間の決まりで、やり直しとなれば極めて異例となる。愛労連の榑松《くれまつ》佐一《さいち》議長は「国は前例をつくるのがよっぽど嫌なのだろう」と憤る。男性はベトナムに2歳の息子と妻を残して来ている。「実習が再開できたら一時帰国して喜ばせたい」と希望を語る。

『毎日新聞』（2016年4月26日）

ブログやフェイスブックを見たマスコミの記者からの取材が増えてきました。

各社とも時間をかけて取材してくれましたが、なかなか記事にはなりませんでした。そんななか4月26日の『毎日新聞』が、法務省が「就労を禁じたまま決定先送りを続けている」という記事を掲載してくれました。

地方版の夕刊ですが、関係者にはすぐに伝わります。これは共同通信のK記者がずっと取材を続けて配信したものです。（この記事がフロントランナーになり、5月7日には『東京新聞』『中日新聞』が「特報面」でこの問題を大きく紹介し、各紙が掲載してくれることになりました。）

直接国会に乗り込むことに

『毎日』の記事が出た26日の夜、畑野議員から「5月10日に外国人実習生問題の公聴会を開催することになるので、参考人として出てほしい」と電話が入りました。

この日の法務委員会では、清水忠史議員が失踪した実習生の「在留資格を直ちに取り消すことができる」とする入管法改正案について質問しました。清水議員は「罰則強化に立法事実がない」ことを指摘した上で、外国人実習生の失踪の事例をあげて「やむにやまれぬものがある」「取り締まり強化でなく技能実習制度の構造的問題にメスを入れるよう」求めました。（『赤旗』2016年4月30日）

今回のタン君の事例そのものです。タン君は昨年6月に名古屋入管で〈教文〉の不正を告発し、名義だけの受入機関は監理をブローカーに委託して処分を受けています。ところが法務省は、この処分を本人には伝えず、処分を受けた受入機関に対しても新たな受け入れ先を探すよう指導していません。その一方で、やっと見つけた新たな受入機関の申請を「すみやかに調査」と言って3カ月も放置しています。

まさに「失踪者は帰国」ありきです。

直接法務省を責め立てる

4月28日、入国在留課に電話しました。

「4月14日に出した申請はいつまでかかる?!」

「すみやかに審査しますが、いつまでにとは言えない」

「連休が明けたら再審査も1カ月になる」

「そうですねえ」

担当者からは何の痛みも感じていないような返事。人権感覚ゼロの対応です。このやりとりも、国会の参考人発言に使うことにしました。

4月6日の法務委員会で井上入管局長が、「不正行為が認定されますと……監理団体等に対しまして、……新たな受け入れ先の確保に努めるよう指導している」と答弁しましたが、タン君には何の連絡もありません。これについて入国在留課に問いただすと、「局内で検討する」と返事。夕方かかってきた電話では、「局長の答弁は、受入機関に現に在籍しているものについてであり、失踪したものは念頭に置いていない」「タンさんは失踪していますから」と言います。それでは受入機関の不正行為が原因で逃げた実習生は、受入機関からも入管からも処分が下ったことを知らされないのですから、入管に行く意味などありません。さらに問いただし、5月2日に回答することになりました。

受入機関が処分されても失踪の正当な理由にならない?!

5月2日、新しいW補佐官から電話がかかってきました。前回の申請時に当時のN補佐官は「元々の特例期間（〜3月16日）内には結果を出す」としながら調査期間の延長を繰り返したので

「すみやかにというのはおよそ何カ月のことか」と聞くと、「いつまでにとは言えない」との返答。そこで、行政には「ルールがあるだろう」と言うと、「標準期間は1週間から1カ月です」

5月7日（土曜日）　中日新聞

話題の発掘　ニュースの追跡

特報

技能実習「学ばせて」

ベトナム人男性が訴え

だまされ単純労働

企業の監視強化必須

法務省の担当者らと入国管理制度について話し合う愛知県外国人労働組合の神部佐一議員（右から2人目）ら＝昨年9月、東京都内で

受け入れ団体が入管に提出した資料を手にするベトナム人技能実習生のグエンさん。資料の職種は「鉄筋施工」になっていた＝名古屋市で

『中日新聞』（2016年5月7日）

と渋々答えました。

挙げ句の果てに、「受入機関の不正行為認定が失踪の正当な理由に至るとは一概には言えない」「失踪の理由も含めて審査している」。3月24日に法務省から法務担当も含めて5人が出席した議員レクで、「失踪については実習生の責は問わない」と言っていたのをひっくり返したのです。

N補佐は前年9月には、「1月から6月の間に働いていただろうから帰国させる」と言っていましたが、3月のレクでは「そのことはもういいです」と撤回しました。ところが新しい補佐官は、それも含めて「失踪の正当な理由も調査中」

と言うのです。

法案を審議している間に、当該部署の補佐官が異動するのはおかしいと思っていましたが、不正処分を認めた発言をなかったものにするためだったのでしょう。しかし、入管にある履歴書でも、タン君が提出した「失踪通知書」でも、「職種の虚偽」はとっくに明らかになっています。にもかかわらず、いつまで「失踪の理由」を調べるのかとますます怒りがわいてきました。

そして今度は、法務委員会公聴会を前に『東京新聞』『中日新聞』が「特報面」で事件を大きく取り上げました。引きのばしを続ける法務省の対応に批判が広がっていきます。記事は、5月10日の参考人発言の資料として使わせていただきました。

衆院法務委員会公聴会で参考人陳述

この間の法務省とのやり取りも含め、洗いざらい話すことにしました。15分の陳述時間で4万円の寮費ボッタクリ事件や福島県大熊町の建設現場から放射能が怖いとメールしてきた実習生の相談事例を紹介したのち、タン君の事件を詳しく説明しました。

法務省が「不正行為認定が失踪の正当な理由にいたるとは一概に言えず」「失踪の理由も含めて調査」していることについて、改めて雇用契約書と母国での失踪通知書を示して職種が違っていることを示しました。タン君は気仙沼から組合に職種の違いを訴えましたが、組合も委託を受けた企業も一度も現地を訪れず、「必要な監査を行わなかった」のが不正行為で認定されたのです。これでもタン君の訴えは「失踪の正当な理由に至らない」のでしょうか？

さらに、入管に提出された書類の職種・職歴偽造部分が日本語でしか書いていないことを追及しました。4月6日の法務委員会で井上入管局長はこう言っています。（傍点は筆者による）

○井上政府参考人

もう一つつけ加えて説明させていただきますと、そもそも、日本に来る前に、これからどういう仕事で、どういうところで、どういう条件で働くんだというところは、まったく誤解がないように今もしておるんですが、二カ国語で併記した契約書とかそういうものを示して、その辺できちんと話をして、それで、合意の上で来ていただく。

しかし、入管に提出された雇用契約書と履歴書の職種・職歴欄は日本語でしか書いてありません。

職種は日本語のみの履歴書

問われる法務省の人権侵害

私は最後に次のように述べました。

「一度逃げたら職種偽装があっても正当な理由として認めない。受入企業が見つかっても、いつまでも許可も不許可もせずに調査期間のめどすら言わない。この事件は実習生が正当な理由を認めさせるのがいかに困難かを示しています。『直ちに在留資格を取り消すことができる』という入管法改正案は、不正をなくすより逃がさないようにするというのが法務省の本音でしょうか。4月27日の法務委員会で階《しな》議員が『制度を運用する役所の側、法務省を含めてですけれども、そこがちゃんと制度を運用する人権感覚があるかどうか』と指摘しました。在留審査の標準期間は1週間から長くて1カ月とされており、このような法務省の引き延ばしは行政の不作為であり、人権侵害のそしりを免れません」

衆院法務委員会で参考人陳述する筆者

やっと在留許可へ

公聴会の翌11日と13日に法務委員会審議が行われました。公聴会の午後には自民党と民進党で修正案と付帯決議案が合意され、

13日で審議終局とする提案がありました。しかし公聴会をうけての法務委員会では活発な質問が行われ、まだまだ疑問、問題の多いことが明らかになっていきました。

畑野議員はタン君の事件を元に法務大臣を追及。受入機関に不正があった場合には強制退去させないことを確認しました。また、手続きに3カ月もかけることは人権侵害だと批判しました。

人権救済申し立てについて5月19日に日弁連に問い合わせたところ、関係者に書類を送付したとのことでした。被申立人である入国在留課長のところには日弁連から調査書が送られていました。さらに法務省に追い討ちをかけるため、国会答弁を守らない入管局長を人権侵害申立てに追加しました。

長期のたたかいを覚悟

実はこの時には、2月1日に申請した受入企業から、別の日本人を雇うのでとタン君の受け入れを断られてしまいました。3カ月も待たされれば当然です。名古屋入管から新しい会社を探すように言われましたが、次を頼むにもいつまでに判断が出るのかまったくわからないようでは頼みようがありません。私も法務省に電話し、「受け入れ先が見つからずに、申請を取り下げて不法滞在になったら、そっちの責任だぞ」と言いました。

悪いことは重なるもので、その夜タン君から「住むところがなくなった」と連絡がありました。

今泊めてもらっているところを5月末には出なくてはならなくなりました。タン君は追い詰められました。これまでの11カ月のなかでも最も不安だったと思います。そこで、法務省が人権侵害を続けるなら、こちらも緊急避難で働く先を探すことにしました。

長期戦に備えなければなりません。当時のビザには「報酬を得る活動」は禁止されていたので給料はいらない代わりに住むところと食事を無料で提供してもらえるところで「仕事を教えてもらう」ことにしました。

この話を愛商連のF副会長に相談したら「よし、わかった」と町工場を紹介してくれました。彼は二十数年前私と一緒にベトナムに行ったことがあり、二つ返事で協力してくれました。16日にタン君を連れて工場へ面接に行くと、社長さんも協力してくれることになり、すぐにアパートも探してくれました。

最後はあっけなく

ところがこの間に名古屋入管から受入機関に対して、新しい受入企業を探すように要請していたようです。20日の金曜日に新しい受入企業で面接を受けることになりました。それでも入管にはこれまで三度も引き延ばされていたので、先の町工場のことは黙っていました。町工場の社長さんからアパートに布団や冷蔵庫はいるか?と相談もあり、着々と話が進んでいました。

25 愛知総合 市　2016年（平成28年）5月28日（土曜日）　中

技術実習やり直し許可

法務省　来日ベトナム人男性に

実習のやり直しが認められ会見するグエンさん㊧ら＝名古屋市熱田区で

溶接技術を学ぶために来日したベトナム人技能実習生が実習やり直しを求めていた問題で、法務省が二十七日にやり直しを認めたことを、愛知県労働組合総連合（愛労連）が明らかにした。榑松佐一議長と岐阜県土岐市のグエン・チー・タンさん（二五）が同日、名古屋市熱田区の労働会館で会見した。

グエンさんは日本の溶接技術を学ぶために二〇一四年に来日したが、受け入れ団体の書類が偽造されていたことで宮城県などの工事現場に派遣され、溶接とは別の単純労働に従事させられてきた。愛労連を頼り、昨年六月、名古屋入国管理局に実態を説明。同九月には法務省に対し、在留資格の延長と実習をやり直せるよう申請していた。

会見で、榑松議長は「在留資格が延長され、求めていたことが認められたが、長かった」と話し、グエンさんは「（在留資格が出て）うれしかった。新しい会社で一生懸命頑張ります」と笑顔を見せた。

グエンさんは三十日から、岐阜県土岐市の自動車関連工場で実習を始める見込み。

（天田優里）

中日5/28

『中日新聞』（2016年5月28日）

しかしこの時すでに本省からの指示が変わっていたようです。受入機関の話では23日の月曜日に新しい受け入れ先を申請すればすぐに許可されそうだとのこと。そこで28日でタン君の住むところがなくなると言うと、許可が出る前でも住めるように話してくれるというのです。町工場の社長さんにはおわびして、キャンセルを了解していただきました。この社長さんの理解があったからこそ、長期戦の構えができ、タン君の気持ちにも大きな支えをいただきました。

しかし、これまでも最後に「本省の許可が出ない」と言われ続けてきましたから、許可が下りるとは確信できませんでした。27日の午後1時に入管に行くことになっていたので、ビザが出たら記者会見の案内をすることにしました。ところがいつまで待っても連絡が来ません。タン君はすでに岐阜県の市役所に住民票手続きに行ってしまっていたのです。それから名古屋に帰ってきてもらうことにし、結局、この日の午後3時過ぎに緊急案内となりましたが、6時30分から行った記者会見には、マスコミ4社が来てくれました。
在留カードを見ると、在留資格は「技能実習1号ロ」が6カ月。試験を受ければ2年目、3年目と実習を続けることができます。やっとタン君の求めていた「溶接」の仕事で働くことができそうです。職種の不正を告発して、別の職種で実習をやり直すことになるのは、この事件が初めてだと思われます。また、タン君が一時アルバイトをしていた証拠をつかみながら、実習のやり直しを認めたことも異例で、「交渉が長期化したことで配慮」されたようです。
「不法就労は入管難民法で国外への強制退去の理由となり得るが、失踪に至った経緯や、法務省との交渉長期化で男性が困窮していた事情を踏まえ、人道的な配慮をしたと見られる。」(『産経WEST』6月1日)
ということでしょう。

全国に文書で指示

この直後2016年5月31日付で、入管から「雇用契約書等の母国語表記等に係る確認について(お願い)」と題する文書が出されました。その要旨は以下のようです。

諸申請に当たり、実習実施機関における労働条件を申請人が理解したことを証する文書の提出を求めていますが、母国語の表記がなく、技能実習生が契約内容を十分に理解しているのか必ずしも明らかではない雇用契約書等が見受けられることから、今後の諸申請に当たっては、以下の点に留意願います。

・在留資格認定証明書交付申請、在留資格変更許可申請又は在留期間更新許可申請において地方入国管理局に提出する書類のうち、技能実習生本人が署名するものについては、技能実習職種名、技能実習場所及び実習実施機関名を含め、すべての文面に日本語に加え母国語による表記を行うこと。

・母国語の表記漏れのある雇用契約書等の提出があった時は、母国語の表記があるものを再作成し又は技能実習生が雇用契約書等の内容を理解している旨の文書を併せて提出する必要があること。

さっそく「井上入管局長の答弁通りにやるように」とお達しがあったのでしょう。

法務省の説明はなし

タン君の在留許可は認められましたが、法務省は失踪の理由の何を認めたのか、一切公表していません。しかし、

1　入管に提出されていた職種・経歴が日本語のみで書かれていた。

2　ベトナムでの書類と違っている。

ことは明らかになっているので、実習職種の変更を認めたのだと思います。

法務省の「平成27年における不正事例」にこの事件と酷似した例がありました。これまで監査を委託した不正事例は見たことがありませんし、ここまで酷似しているからにはタン君の訴えを認めてのことだと確信しています。

なぜ11カ月もかかったのか

タン君からの情報では、一緒に気仙沼にいた他の二人の実習生はすでに〈ウイル・ユニオン〉を通じてN工業から大阪の工場に移され、溶接の仕事をしているとのことです。職種偽装は3人全員だったようで、法務省はすでにそれが明らかになっていたにもかかわらず、失踪の正当な理由としては認めてこなかったということです。

「逃げた奴は帰国させる、再実習はさせたくない」

というのが法務省の本音だと思います。入管法改正案で逃げた実習生の「在留資格を直ちに取り消すことができる」としているのはそのためだということが、この事件でも明らかになったと思います。

第3章

残業代400円の〝暗黒労働〟
―岐阜アパレルの女性たち―

タン君の新しい会社での仕事が始まり、2週間たって、やっと落ち着いたかなと思ったところに通訳のユキちゃんから、「岐阜で実習生が困っている」というメールが入りました。日曜日も午後1時まで仕事で名古屋まで行けないと言います。そこで6月19日の午後に「岐阜駅のデカい像の前で待つ」ことにしました。これが「岐阜アパレル」の実態を知る最初の出来事でした。

JR岐阜駅前の織田信長像

岐阜県労連の事務所をお借りして実習生たちの話を聞きましたが、毎日夜9時まで残業で正月以外休みがないなど、驚くことばかりでした。しかし彼女たちは、「会社がこわいので訴えるのはできない」と言い、申告はしないことになりました。

ところが、その翌週の24日には「岐阜県のベトナム人が残業代400円で働かされている」というメールが来ました。ここも縫製業で、年間1日も休みがないと言います。しかも、日本に一緒に来た他の会社の友達も同じ状況だということがわかり、3社の相談を同時に対応することになりました。

ここで「フェイスブック相談室」が本領を発揮することになります。

いまだに400円があったとは

驚きの実態！「Kファッション相談室」

2016・6・24　20：23

今、東京の実習生から、「岐阜の縫製工場の友達を助けて」と連絡がありました。その会社は、朝8時から夜11時までで、時給400円で給与明細は発行しておらず、給与も社長の手帳にサインするだけだそうです。お金は手渡しで、社長の手帳のみで管理されています。家賃も、いくらか知らないそうです。明細がないから。

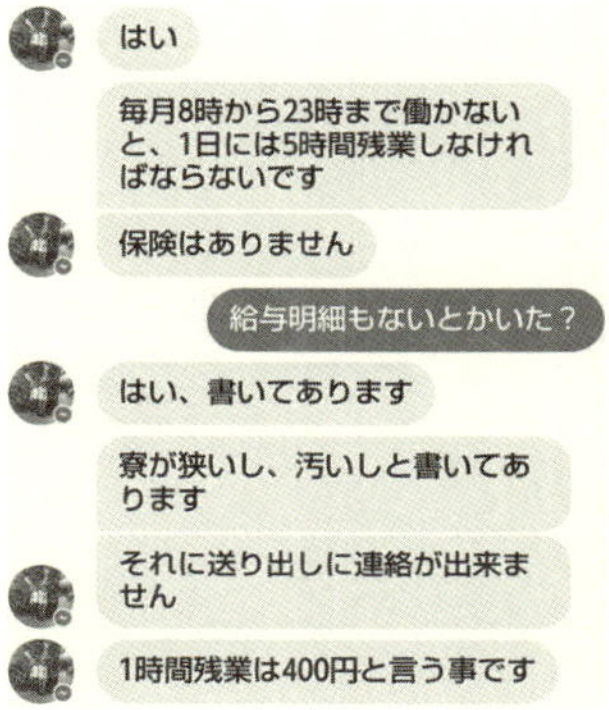
はい
毎月8時から23時まで働かないと、1日には5時間残業しなければならないです
保険はありません
給与明細もないとかいた？
はい、書いてあります
寮が狭いし、汚いしと書いてあります
それに送り出しに連絡が出来ません
1時間残業は400円と言う事です

Kさんからのメール

佐賀で日本語学校をされているKさんからのメールです。前週に聞いた岐阜の縫製業と同じく、深夜まで働かされ休みがありません。そのうえ残業代は時給400円だというのです。入管から「岐阜の縫製業には300円とか400円のところがいっぱいありますよ」と聞いてはいましたが、まさかこんなことが本当にあるとは！

Kさんからフェイスブックで実習生たちに連絡してもらい、契約書や残業記録、在留カードなどを送ってもらいました。おおよそ問題点を整理したうえで、直接彼女たちと話をするために「友達申請」をしました。しかし、会ったこともない実習生を誘うのですから、実習生も戸惑います。ぺさんから最初のメールはこうでした。

2016・6・27　21:20

ぺ　あなたは誰ですか？　私たちを助けてもらえますか？　基本給料は6万円は正当ですか？
私はどうしたらいいですか？

樽松　私は「くれまつです（kurematsu desu)。じっしゅうせいの もんだいを たすけています (jissyusei no mondai o tasukete imasu)。

と書きました。その後、数日かけて実習生のロアンさんとも友達になり、Kさん、通訳のユキちゃん、ハイ君を入れ、問題会社の名を冠した「Kファッション相談室」をフェイスブック上に作りました。ユキちゃんもハイ君も学校があるので、気がついた時に相談の書き込みを翻訳してもらうことにしました。さらに、ユキちゃんが友達のハナちゃんを誘ってくれたので、万全の体制でスタートしました。

6・27　22：14

Da vang a bon chau o nha duoc cong ty ben viet nam cho ky ban hop dong chua tang ca chua dong bao hiem duoc 9 man

Nhung khi sang ben nay bon chau moi biet ban hop dong that chua bao hiem chua tang ca chj duoc 6 man

6・27　22：17

ベトナムで契約するのは9万円です（残業と保険料を含まない）。しかし、来日して、残業代と保険料を含まない。毎月6万円です。

こんな感じで通訳してもらいます。寄せられてくる相談で何より驚いたのは、毎日の残業の長さと、お正月の三ヶ日以外まったく休みがないことです。

6・28　7：41

時給400えん、1カ月に150時間働いて1日だけ休みがあります。労働恩給制度もありません。組合に話しましたが、なにも助けてくれなかったです。組合の社長は私たちと同じような会社を持っています。ベトナムでの契約書が無価値だと言われて、日本でももう一度、契約しなかった。給与明細書ももらわないので、何のお金を引くかわからないです。会社の寮は最低の寮で、14人。お風呂が一つしかないです。寝る所も狭いです。

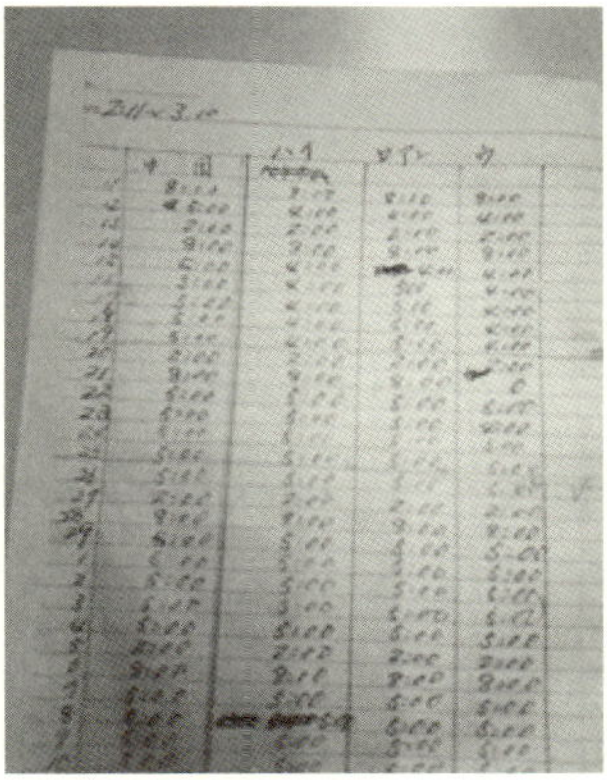
送られてきた残業記録

送られてきた残業記録を見ると、月曜日から土曜日まで毎日5、6時間の残業。時々「8」とあるのは日曜日が朝から8時間の残業になっているようでした。さらに会社名や在留カードを送ってもらい、会社の監理団体の調査を行うと同時に、入管に連絡して強制帰国されないようにしておきました。また、同じ市内に住む岐阜県労連のOBにお願いして、夜10時まで仕事をしている実態を見に行ってもらいました。

彼女たちからは、毎夜心配の声が届きます。

「会社がつぶれたらどうなる?」

「訴えて会社がつぶれたらどうなる。帰国させられないか」

「警察に行くのか」

私からは、入管に帰国させないよう話してあることや、倒産した場合に国による立て替え払い制度があること、半年以上働いているので失業保険が受けられることを説明しました。

それでも彼女たちの心配は尽きません。彼女自身がベトナムに子どもをおいてきているせいか、「社長の子どもたちはかわいそう」「残業のこと以外はいい人たちだ」と言います。でもよく話を聞くと、5月に体調を崩して休んだそうです。彼女たちの働き方は、十分に過労死基準を超えています。2014年には実習生の過労死と推定される事件が6件あり、ベトナム人が

3人亡くなっています。このことを伝えると、彼女も訴えることを決意してくれました。

7月5日、この会社を名古屋入管と労基署に告発しました。彼女たちは残業記録のある場所（写真）をフェイスブック動画で説明するなど調査に協力しました。

この間も何度も「しんぱい」「どうなる」「社長が怒ったらこわい」などと投稿がありましたが、そのたびにみんなで「がんばれ」「だいじょうぶだからね」と声をかけました。「相談室」のログを見ると、一晩中みんなで話し合っていたようです。

残業記録簿の置いてある場所

通訳募集！「Y縫製相談室」

この相談に続けて、ロアンさんたちと一緒に日本に来た2社のベトナム人実習生から、同様な相談がフェイスブックに書き込まれました。〈Y縫製〉から残業記録が届いたので「Y縫製相談室」としました。一方、「Kファッション相談室」で通訳をお願いしていたユキちゃんとハナちゃんが、それぞれの都合で一時離脱することになりました。そのため先に作ったフェイスブックページ「外国人実習生支援」に通訳募集をかけたところ、6人が応募してくれました。

日本人、ベトナム人、働いている方も留学生もいます。また所在地もバラバラで日本だけでなくホーチミンからも参加してくれました。各相談室に振り分けて、気がついた時に翻訳してもらったり、実習生からの問い合わせメールを翻訳してもらっています。

「Y縫製相談室」には、ホーチミンで日本語学校をしているAさんとベトナム人のNさんが通訳に入ってくれました。時差も2時間あることから、夜10時過ぎに始まる実習生とのチャットに遅くまでつきあっていただきました。Nさんはかなり時間をかけて実習生の話を聞き、実態をまとめてくれました。

実習生の内訳：ベトナム人3名、中国人3名

給　与：日給2000円

残　業：

「22時半までの時給」時給400円(1年目)・時給450円(2年目)・時給500円(3年目)

「22時半以降」時給250円〜（製品作成数に応じて歩合制）

※日曜勤務も同様の時給計算となります

※基本勤務時間：8AM〜5PM（月〜土）

勤務実態：1月の休日・2日、2月の休日・1日、5月の休日・1日

残業は多い月で160時間程度

しかも、このことが契約書に堂々と書いてあるのです。

ところがこの相談を行っている最中に、思わぬ事件がありました。〈Y縫製〉で働いている先輩の中国人たちが不安で泣いているというのです。会社を変わることになったようです。どうも経営が危いようです。急いで残業の記録などを集めることにしました。そして8日の金曜日の夜にはベトナム人たちもクミアイから「この会社は閉めます」と言われました。

実習生の残業時間メモ

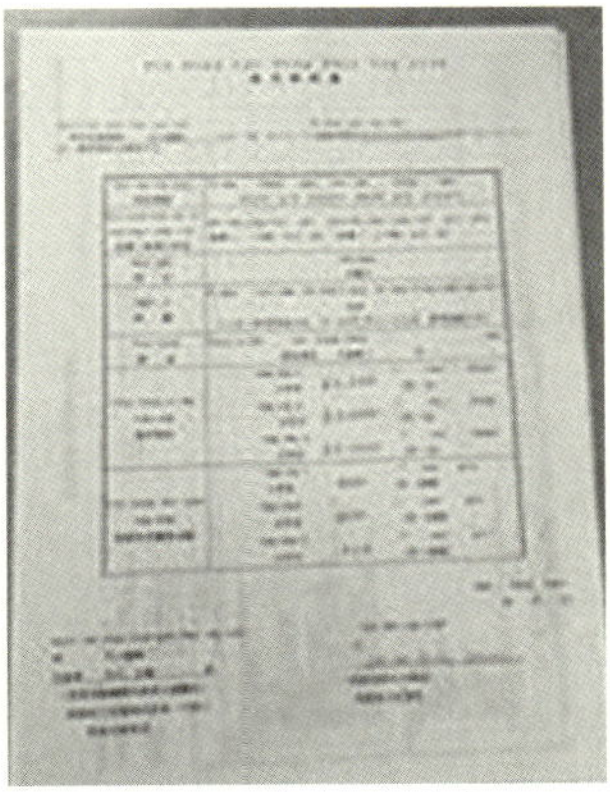
残業代400円と書いた契約書

〈Kファッション〉ではm残業記録ノートの場所を確認できましたが、〈Y縫製〉では先輩の中国人実習生が残業の記録係をしていました。彼女たちが別の会社に行ってしまったため、ベトナム人実習生ノックさんのノートに書きとめていたものを写真で送ってもらいました。

続けて〈ファッションM〉の情報も入ってきました。「Y縫製相談室」に投稿されてきたので、そのまま2社の問題を同じ相談室で話し合いました。

〈ファッションM〉のフォンさんとチャムさんが契約書を見せてくれました。この実習生たちも残業代は400円でした。そして、ベトナムの送り出し機関と会社の「覚書」には（この残業代に）「同意しない技能実習希望者を斡旋しないこと」と書かれていました。ここでも会社の残業簿がなかったのですが、チャムさんが毎日カレンダーに残業時間を記録してありました。

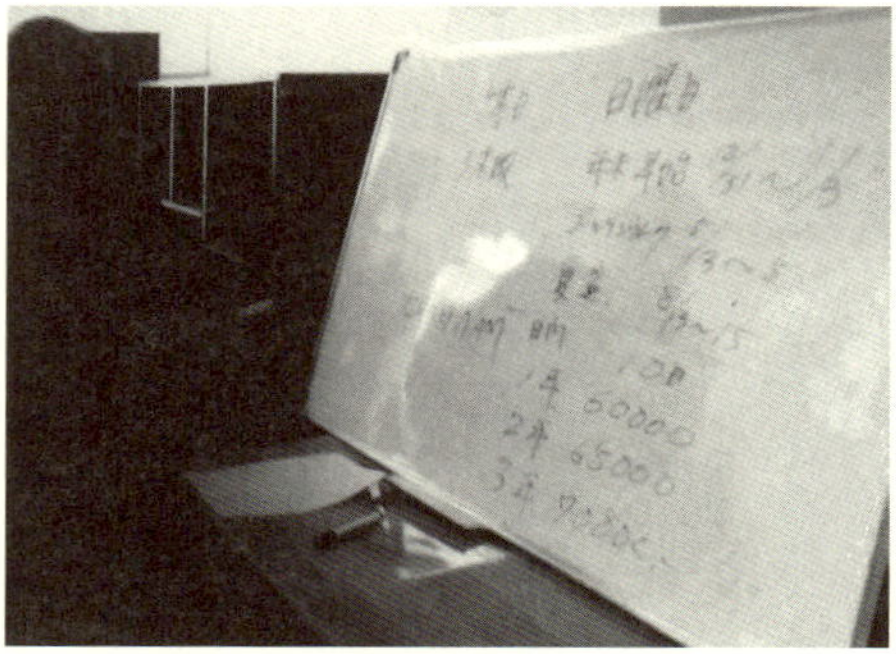
「1年目は月給6万円」と書かれたホワイトボード

社長がホワイトボードに、「月給6万円、残業代は1年目400円」と書いて説明している写真が送られてきました。こちらが本当の社長で、契約書にある社長の自宅に電話を入れると、「うちは関係ありません」と言われました。会社の住所を「グーグル・マップ」で見ると別の会社がありました。フェイスブックで写真を送り、そこが実際の会社だということがわかりました。

先の〈Kファッション〉も住宅地図には「H縫製」とあり、実際に見に行ってもらうと「○

モード」の大きな看板の横に「Kファッション」と書いてあったそうです。〈Y縫製〉にいたっては、ハローワークに届け出の住所と電話番号では違う会社名が出てきました。実習制度では不正が明らかになると3年間の受入停止になるため、会社名と代表者を変更して受け入れたり、受け入れ人数を増やすために別会社にしていることがあります。先のタン君の会社は「N川工業」でしたが、同時に「Wリバー」という会社名でも実習生を受け入れていました。

「実習生弁連」

この事件真っ最中の7月9日土曜日、外国人実習生問題に取り組む弁護士の全国連絡会〈代表・指宿昭一弁護士〉総会が名古屋で開催されました。この連絡会には北海道から九州まで実習生問題に取り組んでいる若手を中心とするメンバーが参加しています。愛知県のK弁護士は岐阜県で月1万円で働かされ逃げてきたカンボジア人の裁判を起こしていました。

私はタン君の事件について報告をすることになっていたのですが、岐阜アパレルのことも少しだけ話すことにしました。すると偶然にも、埼玉のH弁護士が別の事件で知り合いになっているベトナム人通訳が、〈ファッションM〉のフォンさんから相談を受けていることがわかりました。そこで通訳のTさんともども、こちらのグループの応援に入ってくれることになりました。

連続「ダンダリン！」

翌10日（日曜日）に事態は急変します。私は親戚の法事で静岡の実家に帰っていて、フェイスブックを開く時間がなかったのですが、帰りの高速道路で通訳のAさんからメッセージが入りました。パーキングに停めて中身を見ると、〈Y縫製〉の実習生は「12日までで仕事がなくなる」と言われていました。急がなくてはなりませんが、彼女たちは会社がつぶれたら自分たちはどうなるのかが心配で、訴えるかどうかも迷っていました。Aさんに、入管からクミアイに新たな受入先確保をさせること、立て替え払い、失業保険のことなど説明してもらいました。

「榑松さんノックさんたちが、訴えに同意してくれました。これから、今後の行動を説明します」というメールが届いたのはこの夜11時過ぎでした。それから申告書を手書きで書いてもらいサイン。これを写真で送ってもらい、Aさんに翻訳してもらいました。私はこれまでにもらっていた残業の記録や、違法な契約書などを揃えて労基署に出す書類を作成しました。

11日（月曜日）の朝、岐阜労基署に申告書を送り電話。FAXではきれいに見えないところもあるため、岐阜県労連にメールで送り、プリントしたものを平野事務局長に持って行ってもらいました。それからの岐阜労基署の動きは素早いものでした。夕方には「明日臨検に入りますので、実習生を連れてきてください」。その夜実習生に連絡し、早朝寮を抜け出して、スーパーの宝くじ売り場の前で待ち合わせ。平野事務局長に迎えに行ってもらいました。岐阜署に着くと通訳もままならないまま、すぐに会社へ直行。6人体制で、まるで人気テレビドラマ「ダンダリン　労働基準監督官」を見ているかのようです。知り合ったばかりの埼玉県のTさんに、急きょ電話での通訳をお願いしました。

しかもこれで終わりません。〈Y縫製〉の「臨検」が終わった夕方には岐阜労基署から「榑松さん、明日もう一件入りますので」と連絡がありました。〈Y縫製〉とあわせて〈ファッションM〉も情報提供しておいたので調査に入るというのです。そこで、仕事を終えた〈ファッションM〉のフォンさん、チャムさんと話し合い、再度詳しく申告書を書いてもらいました。これもまたホーチミンにいるAさんが朝4時までかけて翻訳してくれました。これを労基署に届けました。労基署が調査に入ると、チャムさんが引き出しを指さし、残業記録のカレンダーを確認することができました。

こうして2日続けての「ダンダリン」が行われました。さらに15日の金曜日には先に告発した〈Kファッション〉にも「臨検」を行いましたので、1週間に3件の「申告・臨検」が行われたことになります。〈Y縫製〉の社長は労基署に対して、残業の記録などは全て捨てたと言ったようです。ここでノックさんの付けていた残業記録が活きてきます。勤務時間の記録は3年間保存が義務付けられています。社長が意図的に捨てたというなら、実習生の記録を全面採用してもらうことにしました。後日ノックさんたちは労基署に行って残業記録の確認をしてもらえました。

出てきたのは黒い服の男

〈Y縫製〉に「臨検」が入った翌13日、監理団体である「アペルトクミアイ」は〈Kファッション〉の実習生を集めました。同期に来日したベトナム人なので、何らかの連絡を取り合っていると感づいたようです。

2016・7・13　19：41

今日、社長は私たちを組合に連れて行きました。特に何もありませんでしたが、私たちをそこに居させました。労基署の人たちに会わせないためでしょうか？　今日、協同組合が私たちを会社に呼びました。全て知っており、私たちは対処にとても困りました。

7・14　00：08

翌日にはこんなメールも来ました。

今、彼は面倒なことにあいたくないです。私たちは対処にとても困っており、どうしたら良いか全然わかりません。彼は埋め合わせをして私に契約どおり給料をはらうことを望んでいます。また彼は私たちに仕事をして会社を維持させてもらえるように頼んできました。なので、私たちは同意しました。くれまつさん本当にすみません。

私たちは、くれまつさんに面倒をかけたくありません。でも、その時は社長も私たちに謝罪して、給料を払うことを約束しました。今私たちはこれ以上どう言っていいかわかりません

どうやら送り出し機関からも脅されたようです。私は彼女たちにこう伝えました。

会社がこれまでのお金を全部払ったうえで。日本の法律を守ると言えばこの会社で働くことができます。まず、そのことを聞いてください。取り下げるのはそのあとにしましょう。入管が通訳を連れて行くので正直に話してください。帰国させないことも約束してあります。

私は入管から、「これまで払うと言っていて払った会社はない」「請負単価が最低賃金以下なので払えるわけがない」と聞いていました。こうして彼女たちは改めて決意し、15日に入管と労基署の合同調査を受けることができました。

全員が〈アペルトクミアイ〉に

3社に労基署の調査が行われたことから、監理団体アペルトクミアイは次の日曜日に実習生全員を岐阜市の事務所に集めることにしました。〈Kファッション〉のロアンさんから、こんな心配が届きました。

7:16　18:22

Ba ay luon muon noi voi nguoi trung quoc la bon e xau va hen mai 9 h di len nghiep doan co cach nao de e k phai di k e so len do lam

私たちの女社長は中国の人たちに私たちの悪口ばかり言います。明日は朝9時から組合に連れて行かれますが、なにをされるか心配です。行かなくて済む方法はないでしょうか。

しかし、9人集まったことでみんな強くなりました。

私はこの日もまた父親の初盆で静岡の実家に行っていました。親戚が帰って一段落したところに、いきなり動画が送られてきました。それはクミアイが実習生たちを脅しているライブ動画でした。

「法律違反をしているのは組合です。何を言ったか、書いておいてください。写真や録音もいいです」

と言っておいたので、ロアンさんがスマホを見るふりをしてそのまま中継してくれました。そこにはクミアイの女性の横に黒い服を着た男がいて、関西弁で怒鳴っていました。

黒服の男は1時間にわたり脅しつけます。

「ベトナムで保証金？　クミアイは知りませ〜ん」

クミアイには黒服の男が…

「給料は会社と話し合ってくださ〜い」

「なんで先にクミアイに相談せんとローキ！」

と怒鳴ります。

そのうえ、「会社が倒産するようになったのはあなたたちの責任」「ローキに訴えるようなやつを紹介する会社はない」「どうするつもり!?」と実習生たちを脅します。

労働組合に加入

彼女たちはこの脅しに負けず、何のサインもしないで寮に帰ってきました。しかし、さすがにこんな人たちとまともに話し合うことはできません。そこでこの夜みんなで協議して、労働組合に加入することにしました。

翌18日にたまった資料を整理していると〈ファッションM〉のフォンさんから、「昨日、クミアイは私たちに言いました。3社9人がもし協力しなければ、来月末に全員を帰国させます。1年のビザが切れた場合は2年目以降、9人全員更新しませんと言われました。明日、私たちはクミアイに電話で返事しなければなりません」とメールがありました。

そこで、19日の朝一番で各社に労働組合への加入通告と要求書を提出し、「今後雇用と労働条件に関することはすべて労働組合を通じて行うこと」と申し入れました。するとその日の昼前に労基署から、「〈ファッションM〉がお金を払うと言ったのに、実習生が『全て労働組合を通してくれ』と言って受け取ってくれない」と電話が入りました。彼女たちは早速団結を示しました。

夕方になって会社から要求書に対する文書回答が届きました。その内容は「労基署の指導に従って全額を支払う。下請け工賃が低く、改善を求めたことがある。今回の残業代400円はすべて会社が決めたものでクミアイはいっさい関係ない」というものでした。1年目の実習生には監理団体が毎月職場巡視に来ることになっており、「クミアイが一切関係ない」というのは極めて不自然です。しかも黒服の男についても「以前から知っているがいい人ですよ」と言っていました。この夜、〈ファッションM〉だけが先にお金をもらうことについてみんなで話し合ってもらいました。回答書には問題があるものの、みんなの合意で決めたことは、その後の励まし合いにもつながっています。

〈Y縫製〉が3人を解雇し福井県の会社へ移籍

〈アペルトクミアイ〉の会長企業である〈Y縫製〉は「労基署に訴えるような奴をとってくれる会社はない」と言って工場を閉め、電気もガスも切ってしまいました。電気は入管の指導で戻しましたが、実習生たちはその後1カ月にわたって風呂も使えず、調理もできませんでした。電話もFAXも切られ、郵便物も受けとれないまま2週間がたちました。近所の方や友人の実習生たちが応援してくれ、なんとか夕方までは友人の寮で過ごすことができました。

先月分の給料をもらっていないので、実習生たちの生活はすぐに窮しました。平野事務局長が失業給付の手続きに行ったところ、ハローワークは「その住所に〈Y縫製〉は届け出がない。あるのは別の事業所」と言われました。雇用保険が受けられないので生活保護の申請にも行きましたが、これも受け付けられませんでした。厚労省に実習生への給付を認めていないようでした。

労基署の指導で〈Y縫製〉は7月27日に解雇通知を出しました。「破産手続き開始申立を行う準備に入る」というのが解雇の理由で14日にさかのぼって解雇するというものです。しかしそれでも会社は離職票を出しません。1週間後にハローワークが〈アペルトクミアイ〉に確認して別の電話番号で登録されていることがわかり、やっと離職票が発行されましたが失業給付が受けられるのはさらに1週間後からになります。ところが8月11日に入管から「Y縫製の実習生を新しい会社の面接に行かせることになった」と連絡が入り、翌日には3人とも福井県に行ってしまいました。結局、失業給付は受けられませんでした。

テレビ愛知の取材を受ける

〈Y縫製〉は破産手続きのためと言って解雇しましたが、その後も手続きをしないため実習生たちは立て替え払いの申請ができません。労基署の指導にも従わず1円も払わず、倒産もせずに逃げ切り、同じ場所で別の名前で事業を始めるつもりでしょうか。労働組合は裁判所に支払い督促を申し立てました。提出書類には本人の印が必要なため、福井県労連の五十嵐事務局長に実習生の寮へ行ってもらいました。

いったんはお金を払った〈ファッションM〉でも、実習生たちへの嫌がらせが続きました。

7月はまったく仕事をさせてもらえませんでした。8月に入っても「仕事が少ない」と言って突然休みにさせました。しかし一方で中国人実習生たちには日曜日も残業させています。フオンさんとチャムさんは休業補償を要求して再度労基署に申告を行いました。二人は送り出し機関から、9月に2年目に入る試験を受けた後に会社を変わると言われています。

二人の話を聞きたいと、テレビ愛知が取材に来ました。彼女たちは残業のことに加えて、洗面所の水が出ないこと、水光熱費が高いことなど訴えていました。

一番最初に告発した〈Kファッション〉では引き続き調査が行われました。小さな労基署では監督官が少ないため調査もたいへんです。通訳の派遣もないので、聞き取りを行うために岐阜市まで一日がかりで出てくる必要があり、調査が長引いています。〈Kファッション〉では9月5日に全て支払うと話していながら、いつまでも払わず、9月20日過ぎになってやっと7月の給料だけが支払われました。いつまでも引き延ばすので10月1日に要求書を送付したところ、7日朝になって突然会社から荷物が運び出され、破産を宣告しました。

〈Y縫製〉と〈ファッションM〉の実習生6人は、9月以後、福井県内の縫製工場に移動し働いています。ノックさんからは「私たちは本当に幸運に恵まれました。私たちの仕事はとても良い状況です」と元気そうな様子が届き、ひと安心しています。

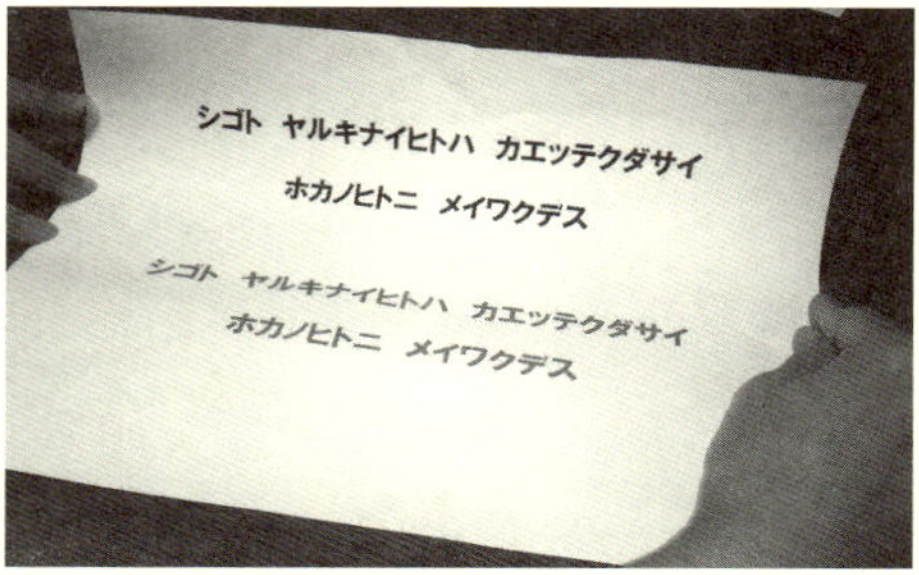

「カエッテクダサイ」と書かれたメモ

そこに4件目の事件が……「N縫製相談室」

7月29日午前中、建設業実習生の問題について国交省への要請を行い、昼からは全労連による実習生問題の記者会見を行いました。ここで愛労連と岐阜県労連で「岐阜アパレル問題」を報告しました。

この会見が終わったあと、以前「デカい像の前で待つ」と連絡のあった実習生から「訴えたい」とメールが入りました。「会社がこわい」と訴えをためらったN縫製のベトナム人実習生たちです。「シゴト　ヤルキノナイヒトハ　カエッテクダサイ」と書かれた紙が送られてきました。

「会って話がしたい」と言うのですが、彼女たちは日曜日も午後1時まで仕事。通訳のハイくんのアルバイトの都合もあるので、夕方名古屋に来てもらうことにしました。金山駅に迎えに行くと、なんとそこにジャーナリストの巣内尚子さんがいました。〈ファッションM〉の実習生フォンさんもいました。巣内さんはベトナムで実習生たちの取材をしており、この日はフォンさんの取材に来ていたのです。ちょうど岐阜駅でベトナム人がいたので話しかけてみたら、これから名古屋の愛労連に行くと言っていたので、ついて来てくれたそうです。

全員から話を聞き取り、資料の整理を行いました。彼女たちは残業時間記録と給与明細を持ってきたので、これを付き合わせておおよその事態が明らかになりました。先の3社と同じように休日は正月など10日以外は1カ月に1回。月曜から土曜まで毎日4時間の残業に、日曜日は8時〜13時まで朝から休日出勤でした。違ったのは月給と残業代は一応岐阜県の最低賃金を守っていました。

ところが実習生は、この残業時間が「違う」と言います。そこで残業記録と給与明細の両方がある月を見ると、給与明細の残業時間数が約30時間少なくなっていました。また月給制となっている基本給は、週休2日の「年間日数」に勤務時間「8時間」と「最低賃金」をかけて12月で割ったもの。つまり土曜日はまったくのただ働きになっていました。もちろん日曜日の休日出勤割増135％もされていません。

実習生たちは、どこが違うのかはよくわかっていなかったのですが、今年から住民税の天引きが始まったうえに、国民健康保険料を現金で請求され戸惑っていたところ、「カエッテクダサイ」というメモを渡されて怖くなり相談に来たようでした。

留学生のハイさんは試験があるので、「N縫製相談室」には新たにKさんに通訳に入ってもらい、Aさんと3人で対応してもらっています。

お盆をはさんで資料を整理し、入管と労基署に告発しました。今回もまた労基署はただちに調査に入りました。その結果、残業代を650円とする契約書が出てきました。給与明細と残業簿の時間数の違いは、正規の残業代を払ったように見せるために換算した結果でした。

出てきたのは「仲介者」

実習生たちの申告により8月末に労基署の調査が入ると、直後の9月1日、そこに〈G一般労組〉がベトナム人通訳を連れてきました。監理団体の通訳ではありません。「会社は違反しているので清算する」と言ったそうです。別の3人は説得に応じて「訴えない」ことにしましたが、訴えた3人は「決意しています」と労基署への申告を「取り下げない」と答えました。〈G一般労組〉は7日にも来ましたが、給与の不足分は10万円、11万円だと言うので、彼女たちは「計算が間違っている」と断りました。会社の月給には土曜日分が含まれていませんから、50日分としてもこんなに少ないはずがありません。

すると9日には〈INC連合〉というところに連れていかれ、代表のI崎氏が出てきました。彼は実習生たちに「自分はポリス歴30年」と言ったそうで、彼女たちは「怖かった」と言います。ここで他の3名は20万円で和解しました。断った実習生は「帰国させる」と言われました。実習生たちは愛労連のユニオンに加入しています。どうしてそこに〈G一般労組〉や〈INC連合〉が介入するのでしょうか。

『中日新聞』によれば、Ｉ崎氏が代表を務める「組合連合会」（記事のママ）は〈Ｇ一般労組〉、Ｓ学院と「連携協定を締結」して「中国人技能実習生の受け入れ体制を強化した」そうです。（岐阜版・２０１０年８月19日）。〈Ｎ縫製〉も〈Ｇ一般〉と話し合っているというので「連携協定」関係がありそうです。Ｉ崎氏は岐阜県中小企業事業交流事業協同組合の代表をしていて、以前は同じ場所に〈Ｇ一般　外国人支部〉もありました。〈ＩＮＣ連合〉の住所には、中日本先端技術共有協同組合があり、ＮＰＯ法人国際技術研修協会も一時この住所が登録されていました（現在は岐阜市内）。隣地で現在ＩＮＣ中部能力開発研修センターがある場所には、中部食品環境流通事業協同組合などがあります。

実習生が連れて行かれたINC連合

Ｉ崎氏からは「実習生の新たな受け入れ先を紹介する」と電話もありました。

あいつぐ相談が

この事件は、会社が話し合いに応じたことで、労基署の指導通りの支払いで解決しました。

労基署は、家賃と水道光熱費の取り過ぎについても是正させました。これらをすべて支払ったので、短期間でスムーズに終わることができました。
しかし、9月28日の団体交渉を終えた翌朝には、もう次の相談が入ってきました。またしても「岐阜アパレル」です。

「ファッションI相談室」

〈ファッションI〉で実習生として働く彼女は、急病で救急車を呼んだため工場の近所で噂になり、会社から「近所に迷惑をかけた」と帰国させられそうになっていました。しかし、会社が彼女たちに話している録音を聞くと驚くようなことばかりでした。残業代は月25時間までは最低賃金の125％ですが、それ以上は1年目・時給450円、2年目・時給500円です。「ベトナムでの契約とは関係ない」と言われたそうです。月給制ですが給料は週40時間分。つまり土曜日は朝から8時間無給労働です。
さらに給与明細に「水道光熱費・8000円」と書いてありますが、実際には毎月実費を現金で取られていました。実習生が「8000円は何か」と聞くと、会社からは「それは関係ない。それはクミアイに聞きなさい」と言われました。監理団体は会社から1人月3万円の監理費を取ったうえ、実習生からも8000円を取っているようです。この監理団体は愛知県の協同組合でした。

このほかにも京都、兵庫、佐賀、山梨の実習生から相談が入ってきました。

岐阜アパレル業界全体が「400円」

「どこでもこんなもんです」

岐阜の縫製業がひどいことは有名で、2010年の制度改正以前は岐阜県労連にも何度か相談が持ち込まれていました。しかし近年は実習生からの相談はなかったそうです。新聞では年に一回ほど事件が記事になり、「ひどいところがあるなあ」と感じていました。愛知県では最低賃金違反の相談はまったくと言っていいほど聞きませんでした。

第1章のミリアムさんの家賃問題や、第2章のタン君事件で頻繁に名古屋入管に行くことがあり、そのたびに入管から「難しい事件を持って来ないでくださいよ。私たちは岐阜の300円とか400円でたいへんなんですから」言われましたが、その時はピンと来ませんでした。昨年からの新法案審議のために岐阜労働局に資料をお願いした時、担当者が「岐阜は制度改正前と全然変わっていません」と言っていました。確かに最賃違反の件数が20%も30%もあることは見ましたが、「多いなあ」という程度の感想で、岐阜労働局が昨年1月に資料をどっさり送ってくれた時でも、まだ「岐阜はひどいなあ」程度の認識でした。「割増賃金違反（37条）」

技能実習生関係監督指導実施状況（平成21年度～平成26年度）

岐阜労働局労働基準部監督課

(1) 主な法違反の状況

	平成21年度		平成22年度		平成23年度		平成24年度		平成25年度		平成26年度	
監督実施事業場数	89		113		93		86		80		110	
違反条文	違反数	違反率	違反数	違反率	違反数	違反率	違反数	違反率	違反数	違反率	違反数	違反率
労働基準法第15条（労働条件の明示）	9	8.0%	16	17.2%	8	14.2%	10	10.8%	15	18.8%	10	9.1%
労働基準法第18条（貯蓄金管理）	5	4.4%	6	6.5%	5	5.3%			1	1.3%	5	4.5%
労働基準法第24条（賃金の支払い）	5	4.4%	27	29.0%	19	23.9%	6	6.5%	10	12.5%	10	9.1%
最低賃金法第4条（最低賃金）	22	19.5%	33	35.5%	22	29.2%	6	6.5%	16	20.0%	16	14.5%
労働基準法第32条（労働時間）	12	10.6%	43	46.2%	30	38.1%	41	44.1%	40	50.0%	37	33.6%
労働基準法第37条（割増賃金）	47	41.6%	54	58.1%	32	47.8%	23	24.7%	28	35.0%	24	21.8%
違反事業場計	64	56.6%	85	91.4%	72	75.2%	59	64.1%	67	83.8%	56	50.9%

岐阜労働局の資料から

と書いてあっても、これがまさか４００円なのだとは想像すらしていませんでした。

　今回、実際に４００円の残業代で毎月１５０時間も残業している実態を突きつけられて、改めて労働局の資料を見ると、岐阜縫製業の異常さは桁違いでした。

　平成27年度の全国での「最低賃金違反」は１１４件で２・２％の割合。岐阜縫製業は同年４～12月の９カ月で19件、50％の業者が違反でした。岐阜縫製業だけで全国の最賃違反の約２割を占めることになります。

「割増違反」も55・３％です。ふつう割増違反とは１２５％払うべきところを１００％しか払っていないことを言いますが、岐阜縫製業では、最低賃金（７５４円）の割増で９４３円支払うべきところを４００円しか払わないのですから、割増ではなく「割引」です。「割増違反」という言葉から想像できるものではありません。

　これだけではありません。「事業主からの虚偽説明・説明拒否（22・4％）、帳簿等の改ざん・提出拒否（24・1％）等の隠蔽行為」（平成26年度監督指導結果）で証拠が取れなかったものや、実習生を脅して証言させないものも少なくないと言います。

今回の事件で入管や労基署の担当者に話を聞くと、口を揃えて「岐阜の縫製業はどこに行ってもこんなもんですよ」と言います。やっとその意味がわかりました。

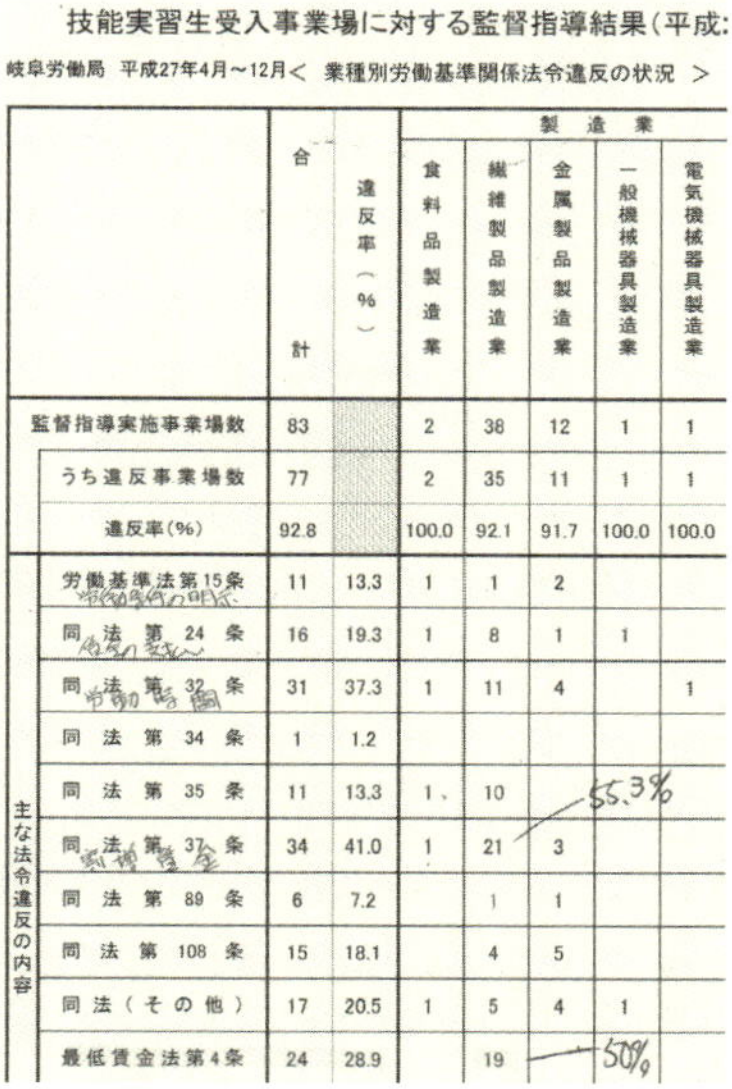

技能実習生受入事業場に対する監督指導結果（平成:

岐阜労働局　平成27年4月～12月＜　業種別労働基準関係法令違反の状況　＞

		合計	違反率（％）	製造業 食料品製造業	繊維製品製造業	金属製品製造業	一般機械器具製造業	電気機械器具製造業
監督指導実施事業場数		83		2	38	12	1	1
	うち違反事業場数	77		2	35	11	1	1
	違反率（％）	92.8		100.0	92.1	91.7	100.0	100.0
主な法令違反の内容	労働基準法第15条	11	13.3	1	1	2		
	同法第24条	16	19.3	1	8	1	1	
	同法第32条	31	37.3	1	11	4		1
	同法第34条	1	1.2					
	同法第35条	11	13.3	1	10			
	同法第37条	34	41.0	1	21	3		
	同法第89条	6	7.2		1	1		
	同法第108条	15	18.1		4	5		
	同法（その他）	17	20.5	1	5	4	1	
	最低賃金法第4条	24	28.9		19			

岐阜縫製業の最低賃金違反は50％（岐阜労働局）

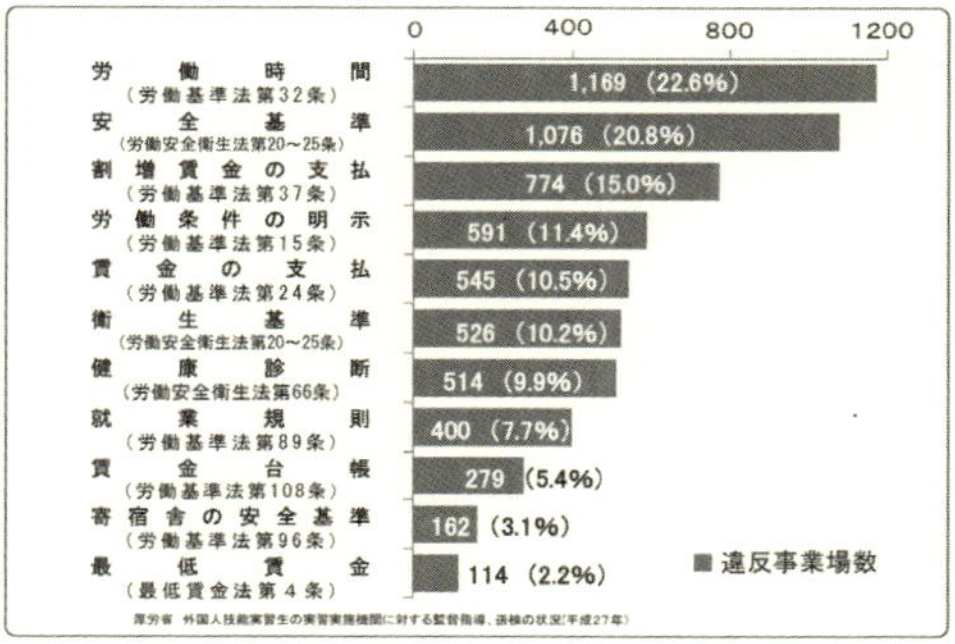

全国の最低賃金違反は2.2％（厚労省資料）

問題は工賃の安さ

岐阜縫製業で不正が発覚した場合にどうなるか。「会社がつぶれるしかないですよ」と言われます。また実習生は職種が決まっているので、「岐阜の縫製業では行くところがない」「どこも（残業代）400円が前提の工賃で仕事を受注しているから、それ以上払えない。夜まで働かせて数を稼いでいる」とも言われます。

私が「研修生」（当時）の支援を始めたころ、業界紙である『繊研新聞』（2007年12月21日）が「（婦人服の）工賃はかつての半分から40％前後にまで落ち込んでいる」と書いていました。発注側のアパレルやデパートの発注単価では「最低賃金すら下回る工賃」にしかなりません。しかも短納期でデザインも複雑になり、手間がかかるばかりです。メーカーにも「研修生を入れろ」と言われて何とかしのいできました。

ところが「苦しいから研修生を入れたのに、それを理由にさらに工賃を値切ってくる」デパートや大企業もあります。研修制度が大手デパートの儲けに利用されていると指摘する記事もあります。（『中日新聞』2014年7月24日）

この構造が、いまだに変わっていません。時給550円で残業させていた縫製業の経営者は「本業の利益が薄い現状では、自衛のためにはこれしかない」（『中日新聞』同日）と言っています。2000年代に中国に進出した「ユニクロ」は、さらに人件費の安いバングラディシュ、ミャンマーへと生産拠点を移しています。またあるベビー服メーカーは中国工場での生産をカンボジアに移し、それを〝MADE IN CHINA〟として売っているといいます。メーカーはこれと同じ工賃を国内でも要求してきます。

２０１０年に研修生制度の法改正が行われた後も、この工賃が下請け企業に押しつけられています。しかし、「国産」と書かれた婦人服が残業代４００円で作られていることを、ほとんどの消費者は知らずに買い、使い捨てられているのが現状です。

8年間同じ文書で岐阜縫製業界に要請

残業代４００円の原因は末端業者の問題ではなく、制度改正後も以前の工賃が業界ぐるみで押しつけられているところにあります。２０１６年1月岐阜県、岐阜労働局、名古屋入管などで構成する「第10回技能実習生等受入適正化推進会議」（座長　籾山錚吾・朝日大学教授）が業界団体に対してこのような協力要請を行っています。

1　縫製事業場で就労する外国人技能実習生の長時間労働による健康障害等を防止するため、計画的な作業管理が行えるよう、発注条件をあらかじめ明確にした計画的・合理的な発注を行っていただくとともに、急な発注条件の変更等は行わないよう配慮をいただくこと。

2　発注契約においては、適正な工賃を設定していただくこと。

岐阜労働局のホームページを見ると、この要請項目は２００８年から今年まで8年間まったく変わらず同文で要請されています。この間２０１０年の制度改正があったのに何の改善もされず、同じ要請を同じ代表者名で繰り返しています。

しかし変わったところもあります。第10回の要請文書では、

「労働基準監督署等の監督指導時における事業主等の虚偽説明又は帳簿の改ざん等の隠蔽行為は後を絶たず、さらに監理団体ぐるみの隠匿も疑われる事案があるなどより一層の悪質化が進んでおり、問題は解決されていません」

としています。

このあと3月には笠松町で「中国人技能実習生に賃金を適切に支払わず、労基署の調査も妨害したとして」異例の逮捕まで起きています。今回告発した事件でも、残業記録の隠蔽や監理団体による実習生への脅しが行われています。

岐阜県の監理団体は

適正化推進会議からは監理団体に対し、「技能実習生の労働条件の確保・改善等に関する要

請についても出されています。

外国人研修制度は、アジアからの輸入と競合する繊維・被服産業が90年代初頭から活用してきました。２００６年までは繊維・被服産業がもっとも多く、とくに婦人・子供服を中心とした縫製業が８割を占めていました。研修制度は岐阜県から生まれたと言っても過言ではなく、当時からずっと全国外国人研修生受入組合連絡会議議長をされてきた渡辺嘉蔵氏（故人、元衆議院議員）が、岐阜市にある協同組合「ゼイケイ岐阜」の代表でした。

現在、岐阜県には外国人実習生を受け入れている団体が１２７あります（２０１６年８月）。協同組合「ゼイケイ岐阜」は２０１１年で加入組合員数２３００社（同組合ホームページ）で、その後もさらに組合企業を拡大していました。

「ゼイケイ岐阜」の総会には地方議員や岐阜市長が出席するなど、大きな影響力をもっています。同じく渡辺氏が代表だった「岐阜県日中友好技能実習協同組合連合会」も同じビルにあります。同組合のホームページ（http：//www.h3.dion.ne.jp/~zeikei.g/）には、次のように書かれています

昭和58年４月　日中友好・技術協力のため中国研修生受け入れ協同組合を組織し現在28協組で連合会を組織する。

平成2年12月　当組合の名称を「協同組合 ゼイケイ18」と改名する。
平成6年5月　岐阜県日中友好研修生受入協同組合連合会を設立。研修事業の斉一統轄をはかる。
平成13年1月　ゼイケイグループを統合した「協同組合 ゼイケイ岐阜」を設立。

前出の時給550円で残業させていた縫製会社の社長は、数十社が加盟する受入団体の協同組合に所属し「組合員間で示し合わせて実習生の時給を決めている」（『中日新聞』）と話しています。監理団体ぐるみで最賃違反が行われているわけです。取り締まりがあるまで違法行為を表に出させない組織ができあがっているのです。業者の5割以上で最賃違反が指導されている現状について、監理団体の責任は重大です。

業界団体の動きは

適正化推進会議が協力要請を行った一つが、「岐阜県中小企業団体中央会」です。今年8月に（公財）岐阜県産業経済振興センターの主催で「外国人実習制度をうまく活用する方法」のセミナーが開催されました。同センターは岐阜県中小企業団体中央会と同じく県の建物内にあり、中小企業庁が所管しています。

岐阜県産業経済振興センター主催のセミナー

「推進会議」が「監理団体ぐるみの隠匿も疑われる事案があるなどより一層の悪質化が進んで」いると指摘するなか、どのように「うまく活用する方法」を伝授したのでしょうか。

不明な組織の介在は

先の岐阜アパレル３社で、「チーフ」を名乗った黒い服の男は、常勤職員とは思えません。名刺には神戸の土建会社「アドヴァンス工業」の代表取締役と書かれていました。「アドヴァンス工業」は、昨年までは別の会社名でプラスチックの輸出入をしていました。２０１５年夏にこの黒服の男が役員になり、同年末には建設業許可を取り消された会社の元社長を役員にして建設業許可を取っていました。２０１６年に入ってから、会社名を「アドヴァンス工業」に変更しています。労働者派遣が禁止されている建設業では、下請けのかたちで労働者を集める「口入れ」が行われています。この黒服の男は「中部労働組合」の役員も名乗っており、以前から他の受け入れにも関与しているようでした。

また、４社目では〈G一般労組〉が実習生に対し「10万円で精算」と言い、次に〈ＩＮＣ

今回、計算し直した支給額：A	3,982,525	3,987,840	3,982,344	3,770,199	4,005,741
実際に給料で支払った支給額：B	3,276,405	3,292,542	3,271,717	3,095,192	3,290,978
A－B＝C	706,120	695,298	710,627	675,007	714,763
Cに対する雇用保険料(9月賞与として計算)：D	2,824	2,781	2,843	2,700	2,859
Cに所得税(9月賞与として計算)：E	14,361	14,141	14,452	0	14,537
C－D－E＝F	688,935	678,376	693,332	672,307	697,367
実際に給料から控除した家賃水道光熱費修繕費：G	1,091,000	1,091,000	993,419	966,457	963,419
今回、計算し直した家賃水道光熱費修繕費＊H	398,914	398,914	309,262	309,262	309,262
G－H＝I	692,086	692,086	684,157	657,195	654,157
これまで既に現金で支給した金額：J	460,400	498,000	485,900	477,000	518,100
9月に既に和解で支給した金額：K	200,000	200,000	0	0	0
今回支給額：F＋I－J－K＝L	720,821	672,462	891,589	852,502	833,424

「9月に既に和解で支給した金額」とある

連合〉が「20万円での和解」をすすめました。先の3社でもそうでしたが、「和解」した実習生は引き続き同じところで働いています。最終的に労基署の指導で作った清算表を見ると、2人が和解金20万円を受け取っています。これら仲介者は何の目的で「和解」をするのでしょうか。少なくとも労働基準法通りではありません。

先の監督指導結果で「割増違反」が54%もありましたが、労基署が調査に入って違反がありそうだとしても、実習生が「すでにお金をもらっている」と言うと指導までは行えません。この指導数字には、その分が入っていません。こういうケースは実際に少なくないそうです。

また〈ＩＮＣ連合〉代表のI氏は、労基署でも入管でも「元警官」として知られていました。しかし、わざわざ実習生に「警察歴30年」という意味はなんでしょうか。適正化推進会議には岐阜県警も参加しています。岐阜アパレルの残業代３００円、４００円が続いている背景には、監理団体以外にもこういった組織が関係しているのかもしれません。先の「連携協定」の他にも、労働組合の顧問が受入機関の顧問をしていたり、受入組合と一体となった派遣会社の役員をしているなど、大規模な不正が10年も続いているのには、岐阜アパレル業界の構造的な問題を感じます。

岐阜アパレルにフェアトレードを

県内行政、業界に要請

全労連東海北陸ブロックと岐阜県労連は、この事件を個別の下請け縫製業者の問題とせず、岐阜アパレル全体の問題にしてきました。

7月の3社に「臨検」が行われた日に、岐阜県と岐阜労働局に対し、「技能実習制度での不正をなくすための要請」を行いました。さらに「推進会議」が毎年改善要請を行っている業界団体である「岐阜ファッション産業連合会」、「岐阜メンズファッション工業組合」、「岐阜婦人服子供服工業組合」、「岐阜県商工会議所連合会」、「岐阜県商工会連合会」の5団体と岐阜県繊維協会に対して「直ちに「推進会議」の要請を実行し、下請け工場から最賃違反などの不正を一掃できないのであれば岐阜縫製業への技能実習生の受け入れは停止するよう」文書で要請を行いました。

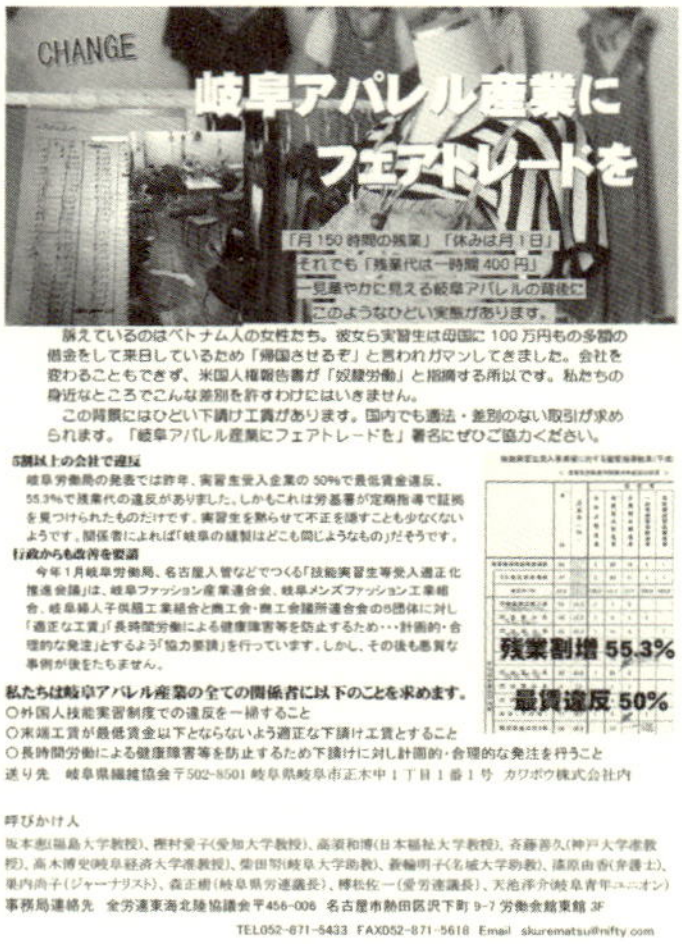

CHANGE

岐阜アパレル産業にフェアトレードを

「月150時間の残業」「休みは月1日」
それでも「残業代は一時間400円」
一見華やかに見える岐阜アパレルの背後に
このようなひどい実態があります。

訴えているのはベトナム人の女性たち。彼女ら実習生は母国に100万円もの多額の借金をして来日しているため「帰国させるぞ」と言われガマンしてきました。会社を変わることもできず、米国人権報告書が「奴隷労働」と指摘する所以です。私たちの身近なところでこんな差別を許すわけにはいきません。

この背景にはひどい下請け工賃があります。国内でも適法・差別のない取引が求められます。「岐阜アパレル産業にフェアトレードを」署名にぜひご協力ください。

5割以上の会社で違反

岐阜労働局の発表では昨年、実習生受入企業の50%で最低賃金違反、55.3%で残業代の違反がありました。しかもこれは労基署が定期指導で証拠を見つけられたものだけです。実習生を黙らせて不正を隠すことも少なくないようです。関係者によれば「岐阜の縫製はどこも同じようなもの」だそうです。

行政からも改善を要請

今年1月岐阜労働局、名古屋入管などでつくる「技能実習生等受入適正化推進会議」は、岐阜ファッション産業連合会、岐阜メンズファッション工業組合、岐阜婦人子供服工業組合と商工会・商工会議所連合会の5団体に対し「適正な工賃」「長時間労働による健康障害等を防止するため・・・計画的・合理的な発注」とするよう「協力要請」を行っています。しかし、その後も悪質な事例が後をたちません。

残業割増 55.3%
最賃違反 50%

私たちは岐阜アパレル産業の全ての関係者に以下のことを求めます。

○外国人技能実習制度での違反を一掃すること
○末端工賃が最低賃金以下とならないよう適正な下請け工賃とすること
○長時間労働による健康障害等を防止するため下請けに対し計画的・合理的な発注を行うこと

送り先　岐阜県繊維協会〒502-8501 岐阜県岐阜市正木中1丁目1番1号 カワボウ株式会社内

呼びかけ人

坂本恵(福島大学教授)、榑村愛子(愛知大学教授)、高須和博(日本福祉大学教授)、斉藤善久(神戸大学准教授)、高木博史(岐阜経済大学准教授)、柴田努(岐阜大学助教)、養輪明子(名城大学助教)、藤原由香(弁護士)、巣内尚子(ジャーナリスト)、森正樹(岐阜県労連議長)、榑松佐一(愛労連議長)、天池洋介(岐阜青年ユニオン)

事務局連絡先　全労連東海北陸協議会〒456-006 名古屋市熱田区沢下町9-7 労働会館東館3F

TEL052-871-5433 FAX052-871-5618 Email skurematsu@nifty.com

フェアトレードを呼びかけるネット署名

一方で婦人服など岐阜のアパレル製品を購入している消費者には、それが外国人実習生の残業代400円で作られていることはほとんど知られていません。そこでネット署名（Change.org《チェンジ・オーガナイゼーション》）「岐阜アパレル産業にフェアトレードを」を開始しました。児童労働や奴隷労働で作られたものを買わないようにする〝フェアトレード〟に学んだものです。

坂本恵（福島大学教授）ら、ベトナム人支援に関わっている研究者をはじめ東海地方の若手研究者、ジャーナリストが呼びかけ人となってくれ、1カ月で500人以上が賛同を寄せてくれました。

ベトナムでも反響

また、昨年から急増しているベトナム人実習生の多くが愛知県・岐阜県に来ていることも、今回の相談がベトナム人支援をしてきた愛労連に来たことと関連しています。ベトナムに向けた発信も行っています。アペルトクミアイで実習生たちが脅されている現場の動画はViet

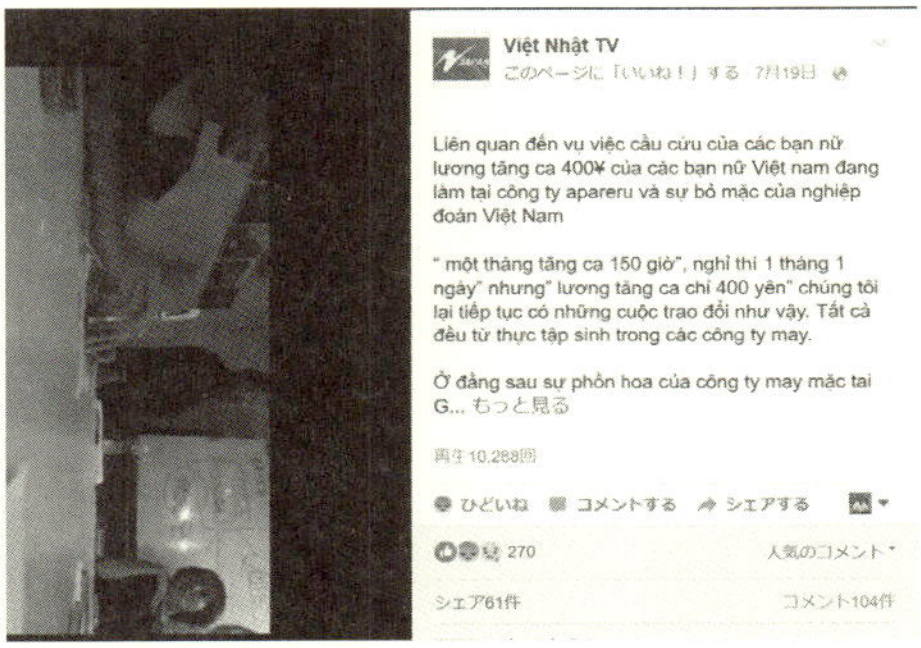

Viet Nhat TVのフェイスブックページ

Nhat TV（ベトナムの人気投稿サイト）で1万回以上再生され、インターネット署名ベトナム語版も掲載されています。フェイスブックページ「外国人実習生支援」へのベトナムからの投稿、シェアも多くなっています。

厚労記者クラブで記者会見

全労連は2016年7月28日、東京・霞ケ関の厚生労働記者クラブで記者会見を開き、「外国人技能実習制度に関する提言」を発表しました。このなかで東海ブロックは岐阜アパレルの実態を告発しました。岐阜アパレルの問題はYAHOOニュース、弁護士.comなどインターネットニュースの他に連合通信でも大きく報道されました。

岐阜アパレルの不正を社会問題にするにあたっては、岐阜の産業をつぶすことにならないかという懸念がありました。これを励ましてくれたのは中京大学・大内裕和教授の言葉でした。

NHK「クローズアップ現代」広がる〝労働崩壊〟～公共サービスの担い手に何が～

（2016年2月22日）

――日本は貧しさに向けスパイラルが動きだし、止まらないような状況になっているが、その中で失われる産業競争力なども出てきそうだが？

大内　そうですね。ここまで雇用の劣化が進むと、その産業自身が成り立たないっていう危険性を、もう生み出してると思いますね。

――そこに入っていく人がいなくなっていく？

大内　そうです。

――さらに、そこに長くいて技能を習得しようという人たちも少なくなっていく？

大内　そうですね。やはり労働の担い手を人間として尊重しない社会に、未来はないと思います。

根本的な解決には、最低賃金の抜本的上昇と、非正規労働者の待遇改善が必要です。日々の努力と身につけた技能にちゃんと報いる、そういう職場を作っていくことが大事だと思います。やはり岐阜アパレル産業の未来を作っていくためには、この問題は放置できないと思いました。

経産省は工賃の調査を

8月23日には衆議院会館で経産省、厚労省、法務省への要請を行いました。

私はこの間の岐阜アパレルの事件を説明し、「技能実習生受入適正化推進会議」が毎年業界団体に「適正な工賃」「長時間労働による健康障害等を防止するため……計画的・合理的な発注」を要請してもまったく変わっておらず、10年間ずっとこの問題を放置しているのはおかしい、国として体制を強化し、調査をし、必要な対策をとることを要請しました。

岐阜県労連の平野事務局長は、技能実習生の住居に行くと、6畳1間に二段ベッドが三つあり、クーラーもなく、防犯上必要な窓を閉めることはとてもできず、女性であっても窓を開けて扇風機で風を送っている状態であること、技能実習制度は、国際貢献のはずだが、実態は本来の姿からかけ離れていると訴えました。

厚労省、法務省は岐阜アパレルに重大な不正が続いていることを承知しており、一地方の問題ではないと認識を示しました。しかし、とても「事後規制」の監督・指導では追いつかないことは現場での共通認識になっています。「問題は業界の工賃設定である」との指摘に経済産業省は、「中小企業庁や厚生労働省、法務省とも相談しながらアパレルの低価格構造などの調査を検討する」旨を答えました。

この要請には地元岐阜の本村議員と畑野君枝、清水忠史衆議院法務委員（当時）が同席しました。秋の臨時国会では、岐阜アパレルの問題を議論することなく採決は許されないでしょう。現行法でなぜこのような不正がなくせないのか、新法案でこの不正をなくすことができるのかが問われます。

「業界ぐるみ」か「行政ぐるみ」か

岐阜県の労働基準監督署は、技能実習受け入れ企業への監督指導に大奮闘しています。しかし、労基署に申告した5社のうち1社は監督署の指導を受け6カ月が過ぎても、不払い賃金の是正に応じません。「倒産する」と解雇した〈Y縫製〉は、支払いも倒産もせず逃げ切ろうとしています。やむなく裁判所に訴えることにしました。

別の2社では、わずかなお金で「和解」した別の実習生たちが、引き続き従来の残業代で働いていました。

全労連東海北陸ブロックは岐阜労働局に対して、監督指導した結果どれだけの事業所が改善し、指導に従わず司法処理したところがどの程度あるのかを尋ねました。払えないのか、払わないのかを明らかにすることが、岐阜アパレル問題を解決するのに欠かせないからです。

また3社の所在地には、まったく違う会社の名前も登録されています。1社では三つの名前がありました。3年間の受け入れ停止措置を受けても、別の会社名にすれば受け入れが可能なのでしょう。これも、低工賃に苦しむ岐阜アパレルの下請けでは常識になっているのかもしれません。

岐阜県の「適正化推進会議」は業界団体に対し、「発注契約においては、適正な工賃を」という要請文を5回出しています。行政が書面で5回も要請するからには、「適正でない」という根拠を持っているはずです。また5回出したからには、その間の状況も把握しているはずです。全労連東海北陸ブロックは9月7日、この要請の根拠となった工賃の実態を公表するよう・要請しました。

「適正化推進会議」が要請を始めてすでに10年が経ちました。同じ改善要請文書が5回も出されることは行政では極めて異例です。しかし、このことは関係者以外には知らされず、岐阜県でこのような不正が続いていることが報道されることはありませんでした。しかし、11年目となる今回もまた同じ文書が出るようであれば、「業界ぐるみ」だけではなく、「行政ぐるみ」のそしりを免れません。

業界・行政一体で不正の一掃を

岐阜アパレルには3000人以上の実習生が働いており、岐阜県の産業でも大きな割合を占めています。実習生なしでは産業が成り立たなくなっているのも事実です。だからといって、このような巨大な不正を放置しておくことはできません。

愛労連では、末端縫製業者の工賃がこの5年間の最低賃金引き上げに見合ったものとなっているか、岐阜県が直接調査を行うよう求めました。また全実習生に対して、母国語で賃金・残業代を直接労働局に報告できる仕組みを要請しました。近年、外国人実習生に関わる特区の申請もされていますが、岐阜アパレルの実習生の監理を公的な組織に一本化して不正をなくすことも検討すべきです。実質的には1月1人5万円もかかる受入費用を大幅に安くして企業の負担を減らすことも可能です。末端業者が協業化して受注し、不当な工賃をはねのけることができるよう、行政の支援も検討してはどうでしょうか。

本気で岐阜アパレルの未来を考えるのなら、業界・行政が一体となって不正を一掃すべきです。

第4章 同じ人間として
―「SNS相談室」は今―

相次ぐ外国人実習生からの相談

実習生の相談が増えています。それも愛知県に多い縫製や製造業ではなく建設業が増え、県外から逃げてくることもありました。国別ではこれまでのベトナム・中国・フィリピンに加えて、初めてネパール、カンボジア人からの相談があり、国籍が多様化してきています。相談内容も比較的証拠を揃えやすい賃金問題だけでなく、契約内容の違いやブローカーがらみの複雑な事件も増えています。

そんな時、日本語しかできない私と、片言の日本語でしか会話ができない実習生を助けてくれたのがSNSです。実習生はほぼ全員がLINE《ライン》やFACEBOOK《フェイスブック》を使っており、電話もインターネット電話です。私のスマホのなかには「ベトナム人相談室」「中国人相談室」「フィリピン人相談室」があり、このなかで留学生や支援者が翻訳もしてくれています。これなら誰でも安心して相談を受けることができます。

どんどん広がる「相談室」

相次ぐ相談

2015・6・2　22:49

フィリピン人からの相談。派遣会社のブローカーが給料を払わずに、持って帰国するのではという相談。

働いているのは愛知県だが派遣会社は岐阜県。こういうのは又聞きでは難しい。私が電話で聞いていたのでは逃げられてしまうかも。幸い、愛知労働局の外国人相談をやっている時間だったので、私から電話して対応を要請。受け付けてくれたそうで、明日、労基署で対応してくれることに。

外国人労働者を増やすなら、国の相談体制も増やすことが必要です。

7・8　8：04

浜松市の静岡西部地区労連の嶋田議長からお知らせがありました。

不正な会社に寝込みを襲われて逃げたベトナム人実習生。パスポートの再発行が済み、無事帰国しました。

強制貯金と不払い賃金を取り戻し、帰国旅費も払わせました。

7・27　19：17

先週、カンボジア人実習生が広島県福山市に逃げてきたという相談が入りました。強制帰国が心配されたので、すぐに入管に届けて出国停止をかけてもらうようアドバイス。その後、会社のある徳島県労連と広島県労連が対応。

実習生事件の経験豊富な徳島県労連の森口事務局長が、労働局と入管を動かしてくれました。今日は支援者とともに労働局に行ったという写真が届き一安心。

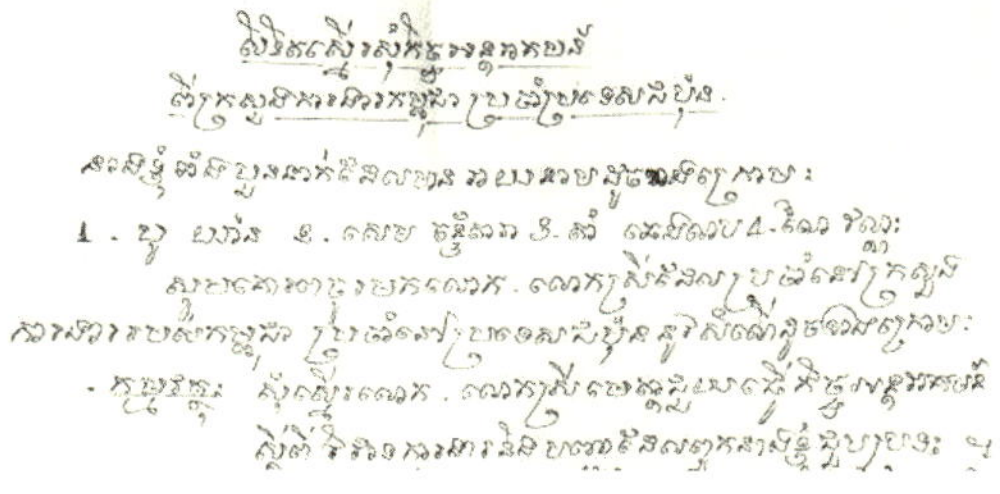

カンボジア人からの相談

この他にもいろいろな投稿がありますが、証拠を押さえられなかったり、本人が怖くて訴えられないこともありました。

茨城県で研修していた。農業。じゃがいも。おおやさんが、自分が日本語ができないので、殴った。腹を蹴られた。宿舎から外に出ることはできなかった。パスポートは自分で持っていた。在留カードはまだもらっていなかった。サロンパスをはっただけ。ベトナムの派遣の会社に電話したが助けてくれなかった。（ベトナム人）

2カ月でクビになった。母国での借金が返せない。送り出しの会社で姉が働いているので解雇されるのが心配で、入管に訴えることもできず逃げている。（ベトナム人）

保証金を返してもらえない

会社の不正で帰国させられそうになり、逃げたベトナム人女性の事件です。2015年2月に静岡西部地区労連から相談があり、名古屋入管の指導で強制貯金の全額返還と帰国旅費を受入組合Iの負担にしてもらいました。7月にはパスポートの再発行もでき、本人から「帰国する」とお礼の電話もありました。帰国に際しては愛労連から「帰国が遅れたのは本人の責任ではなく、帰国旅費も団体が負担している」旨の証明書を発行して持たせました。

ところが9月になってベトナムに帰った実習生から、「送り出し機関から保証金を返してもらえない」と連絡がありました。送り出し機関は、受入組合Iから「失踪届」を受け取っているので保証金は返せないと言っています。I組合は愛労連に対して「名古屋入管に失踪届を出してあるのでこれを訂正することはできない」と言ってきました。

この組合は、最低1カ月必要な講習を1日しかやらず、不正がばれるのを恐れてか、朝5時に寝込みを襲って強制帰国させようとしました。実習生は通帳もパスポートも持たずに窓から逃げたのです。帰国旅費を払わせたら、今度は帰国後にこのようなことをしてくるとは許せません。

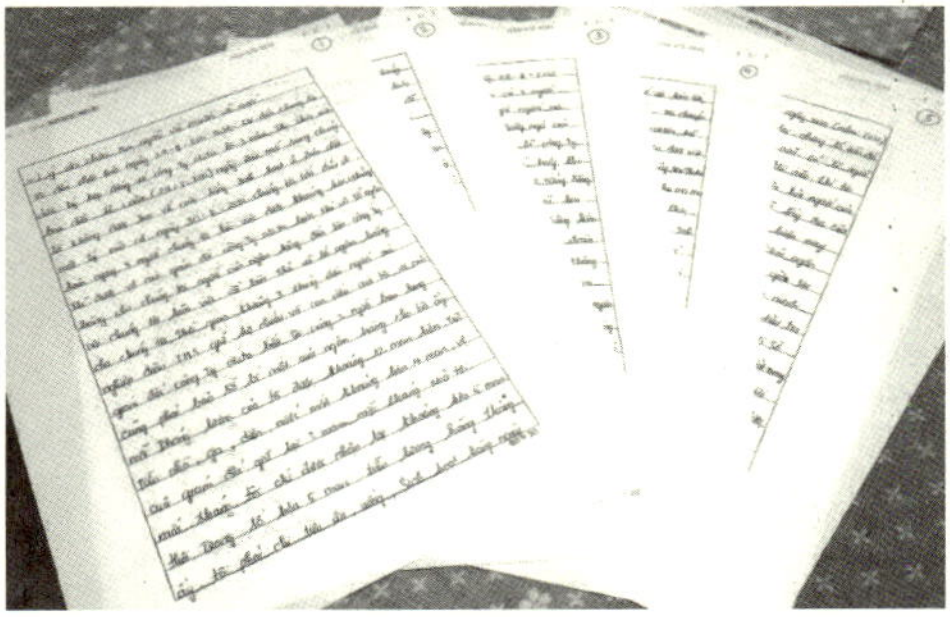

浜松のベトナム人からの陳述書

入管にも連絡しましたが、送り出し機関のことについては及び腰でした。それで私から直接ホーチミンの送り出し機関に電話をしました。送り出し機関はI組合から「この実習生は素行が悪くて逃げた」と説明を受けていましたが、入管から不正で指導されたことや帰国旅費をI組合が負担したことを伝えると理解してもらえました。「今後もベトナム人実習生を支援してほしい」と言われたので、「外国人実習生支援」ブ

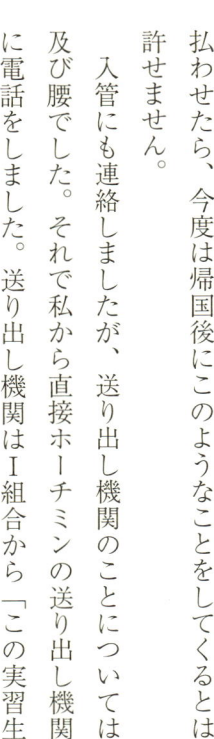

ログを紹介しました。
実習生本人からも「保証金が戻ってきた」と電話がありました。

教会で中国人からの相談

2015・10・18　20：18

昼からの合宿がなくなったところに中国人実習生からの相談。脱原発で知り合いになった方からの紹介で南区の教会で話を聞きました。会社は「仕事が遅いので帰国させる」と言っています。しかし実習生は仕事を覚えに来ているのが建前。法務省のパブコメ回答には「作業の能力が劣ることを理由に帰国させることは不正」になることが書いてあります。

組合から「来週月曜日に帰国」と言われた。「これで帰らなければ旅費は自分で払え」とも。送り出し機関からは家族に脅しも。ビザは来月13日まであるのに、すぐ帰国というところから怪しい。

↓「どうしても君は帰国しないといけません」

送り出し機関を調べたら、ＪＩＣＴＯ（国際研修協力機構）のリストにない派遣会社でした。中国の派遣会社には政府の認定を受けないところもあります。送り出し機関の中国人通訳が日本にいて、実習生に直接対応していました。送り出し機関のなかには、日本の受入機関とトラブルを起こすと、すぐに帰国させようとするところがあります。ここもその一つでした。しかし、入管からの連絡を受けた受入機関の方はまずいと思ったのでしょうか、すぐに「2号ロ（注・団体受け入れの研修資格）に向けた試験を受けさせる」と連絡があり解決しました。

この事件で通訳してくれた留学生には、その後も「中国人相談室」で実習生の訴えを翻訳してもらっています。

釧路から「パスポートとられた」

ブログ「外国人実習生支援」2015年12月14日

今度は釧路のベトナム人実習生から

昨夜、朝日新聞の取材中に釧路の実習生から助けを求められました。また建設業です。

「私は北海道の釧路市の建設会社で研修生でした」

「彼らは私たちとハードイオン化していない企業で作る関連付けます」

「私はまだそこに働きます」

「私は私のパスポートを取り戻すしたいです」

「私は本当にどこに助けを知りません」（※原文のママ）

またしてもパスポートを取り上げられていました。この会社では以前実習生が何人も逃げたのでパスポートを「預かる」ことにしたようです。先のベトナム人実習生の事件で法務省は逃げた実習生が悪いと決めつけていました。では釧路の外国人はどこに行けばいいでしょうか？この事件は法務省に任せることにしてそのまま入国在留課補佐官にメールを転送しました。

anh Hoàng ơi
em ở nghiệp đoàn zenkoku zinzai
trụ sở chính ở nagano nhưng chi nhánh quản lí lại ở obihiro hokaido giờ e chỉ muốn đòi lại hộ chiếu của em thôi vì giám đốc giữ hộ chiếu nên có ép chúng e làm và thực hiện sai chế độ bọn e cũng chẳng làm gì được ông bảo nếu báo lên jisco hay cơ quan nào đó là đuổi về nước luyoon bọn em chán nhưng chả làm gì được cả mất hộ chiếu bọn em bất an lắm nghiệp đoàn thì dung túng với công ty mượn hộ chiếu của bọn em đi đổi visa mới rồi giao cho ông giám đốc giữ luôn bọn em muốn dùng gì đến hộ chiếu ông cũng không trả nên mọi người làm ơn hãy giúp êm

補佐官からは当初、「実習実施機関名や所在地、技能実習生の氏名もわからないのであれば、札幌局が実地調査に行くこともできない」とＪＩＴＣＯに連絡するよう返事がありましたので、「（名前を）伝えるが強制帰国されないよう万全の措置を取るように」と求めました。その後、「実際の作業現場はどこかご承知でしょうか。釧路に行ったとしても、現場が別の場所だと出直しとなり、その場で手を打つことができません。また、事前に問い合わせることも、相手方に察せられるのでできないためです」と返事が来ました。そこで実習生と連絡を取って必ずいる時間を調整しました。やる気になったようです。入管の調査とはこんなものです。

その結果、1月末には本人から「パスポートを返してもらった」と連絡が入りました。札幌入管がベトナム人通訳をつれて釧路まで行ってくれたそうです。彼とはその後もフェイスブックでやり取りしているので安心しています。これからは全部入国在留課にお願いしましょう。

建設現場から逃げてくる実習生

先のベトナム人タン君もそうですが、建設業の実習生の相談が多くなっています。逃げてくる実習生も増えています。そのなかには、監理団体による説明や指導に問題を感じるものも少なくありません。２０１５年から建設業外国人労働者の就業の特定活動が認められたこともあり、建設業での外国人実習生を募集する受入機関も増えています。労災や失踪者を出さないためにも、きちんとした対応が求められます。

極端に少ない手取り

年末年始は土木工事が少ないことから、固定的な控除を差し引くと給与の手取り金額が極端に少なくなることがあります。東京から逃げてきたフィリピン人の実習生は手取りが２・４万円でした。さらに道具代など３・２万円が「未回収金」と書かれていました。

昨年２月に相談があった鹿児島県のフィリピン人も建設業でしたが、こちらは出勤日数が17日で基本給が６万９４００円。鹿児島の最低賃金６９４円で割り返すと、１日当たりの労働時間は６時間にもなりません。

愛知県岡崎市から相談に来たペンキ塗装のフィリピン人実習生の昨年10月の給与明細を見ると、１カ月に28日働いていました。合計金額を出勤日数×８時間で割ると８２０円。愛知県の最低賃金ぴったりです。毎週土・日も働いたのに１円の割り増しもありませんでした。ペンキ塗装なので、雨が降ったら仕事は休み。給料は出ません。雇用契約書には年間変形労働時間制と書いてありました。契約書の１日の休憩時間は１２０分で、１日は７時間。ペンキを乾かす時間は「休憩時間」なので無給だそうです。

(平成 27 年 1 月 分)
バダ 様

		日数	単価	金額
勤労日数	自 1 月 6 日 至 1 月 25 日			
支給額	給与	12.50	7,000	¥87,500
	合計			¥87,500
控除額	所得税			¥0
	住民税(1月分)			¥0
	土建国保(1月分)			¥22,460
	厚生年金			¥0
	雇用保険			¥525
	家賃(12月分)			¥1,513
	家賃(1月分)			¥22,180
	電気代			
	ガス代			¥3,579
	水道代			¥1,735
	前渡金(1/20)			¥10,000
	武蔵村山国保			¥700
	合計			¥62,692
差引支給額	¥24,808			

(事業所名)
株式会社
係印

【未回収金】
安全帯 ¥4,000
作業服 ¥8,244
道具代 ¥19,797

2万4000円の給与明細

本人に申告書を書いてもらいました。タガログ語でも岡崎労基署は受理して、割り増し賃金を払うよう会社を指導してくれました。しかし、休憩時間などは現場を押さえないと難しいとのことでした。

建設業では、午前と午後に一斉休憩を取ることが多いのですが、日給のため休憩時間が有給か無給かを考えることがありません。ところが実習生は最低賃金の時給で午前と午後の休憩時間分が無給になっているのです。また雨が降って工事ができないと休みになり、給料は出ません。時期によって工事の少ない月もあり、日本人ならアルバイトができますが、実習生は許されていません。

ケガをしても労災にしてもらえない

1月に相談に来たフィリピン人は、造船所で溶接の仕事をしていました。2016年8月に狭い構内で溶接機を片手で引っ張りながらの作業をしている時に腰を痛めましたが、仕事があるので我慢していました。後日病院に行って「椎間板ヘルニア」と診断され、休業することになりました。ところが会社は、今年になって「仕事ができないなら帰国させる」と飛行機の切符を手配しました。それで相談に来たのです。

労災期間中に解雇することは違法ですし、また私傷病であっても日本人と同じ期間の休業はできるはずです。すぐに解雇はされません。この事件はすぐに受入組合に電話し、対応してもらいました。

ぎっくり腰や椎間板ヘルニアを労災扱いにするためには、時間・場所、作業の姿勢などを詳しく説明する必要があります。痛みを我慢して働いていて悪化した場合には、逆に私傷病扱いにされることがあります。彼の場合はまさにこれで、通訳がいないため事情を病院で説明することができず、労災の調査はされませんでした。相談に来た事情を日本語で書いて医者に渡し、検査してもらいましたが時すでに遅しで、「時期を特定できない」と診断されました。

幸い受入組合がきちんと対応して、帰国は取り消しになりました。長期休業できたこともあって仕事に復帰し、今年5月の別のケガは労災に変更されました。

一方、3月に相談があった埼玉の中国人実習生は、建設現場で落ちてきたスチールパイプでケガをしましたが、会社は労災のことは言わず、逆に仕事に来なければクビと言われました。小さな建設業者で、とても外国人実習生を指導できるようなところではありませんでした。日頃の態度が悪いとクビにされました。日本語が十分にできず、会社の中では殴られたこともあります。

彼は愛労連で作成した申告書を持って川口労働基準監督署に行き、労災と解雇予告手当支給を申告しました。しかし労基署の通訳も十分説明できず、労基署は会社の主張を覆すことができませんでした。製造業と違って建設業は現場を押さえにくいという問題があります。彼はわずかな解決金で帰国しましたが、いまは日本で働いている奥さんが引き続き訴えています。受入組合もまったく弱腰で、会社には何も言えません。

実習生　先生、ちょっとうちの組合に訴えてもらいたいですが、罵るや殴るもう受けたくない！　きちんと保証してくれないですか？　うちの職場の人は今日も僕のことを叱りつけました、今日は殴らなかっただけと…

受入組合　ごめんね、こういうことはちょっとまずいかなぁ……君の社長と話したけど、やはり君と職場の人との人間関係はどうしようもないのだ。ちなみに、研修生の態度はよくないんだって、日本人のスタッフから聞いたけど

仕事を探してくれない

愛知県愛西市の産廃業者で殴られ解雇されたベトナム人が、茨城県の講習施設から名古屋に逃げて来ました。彼は施設でパスポートと在留カードを取り上げられたので「帰国させられる」と思ったそうです。名古屋入管で組合は「コピーをとるため」と言いましたが、それなら5分もあればできるはずです。彼は組合に引き取られ講習施設に入れられましたが、何を教え

るわけでもなく、3カ月経っても次の会社を紹介してもらえませんでした。

この受入組合の本部は埼玉県ですが、独自の施設は待っていないようで、講習施設は茨城県稲敷市の日本語学校を使っていました。(偶然ですが、前述の建設業の中国人実習生もここで講習を受けていました)。名古屋事務所に行ってみましたが、マンションの一室で何の表示もありませんでした。電話をしてもただの連絡先で、実習生に対応してくれるところではありませんでした。

組合が引き取る際に名古屋入管で「宿舎費は取らない」と説明したのに、茨城県の講習施設から1日1000円、計1万3000円の寮費を取られました。実習生はお金がないので友人の所に避難しました。組合は実習生に「愛労連に言ったら会社を紹介しない」と言って連絡させませんでした。ところがその後も会社を紹介せず、6月になって実習生から「もうすぐビザが切れる」と連絡が入りました。組合は何もしないので愛労連から東京入管に電話し、本人が1人で入管に行って短期滞在の許可を取りました。東京入管には組合に対して会社を探すよう指導を求めました。(最近フェイスブックで実習生本人に聞いたら、組合が新しい会社を探しているとのことでした。)

佐賀県の支援団体からはこんな相談が届きました
「ベトナム人実習生はビザと違う職種の仕事をさせられました。建設業で壁紙のビザですが実際は大工の仕事でした。その大工の仕事もさせてもらえず、おまえは日本語がへたくそ、だれの許可をもらって仕事している。外で立っていなさいとかで、ほとんど仕事をしていませんでした」

「この組合の実習生からの相談は後を絶ちません。仕事を見つけきれずに、この実習生みたいに帰された子は、少なくともこの1年で5人います」

彼も千葉県にある受入機関の研修施設に帰されましたが、長い間仕事を紹介してもらえず、支援団体は何度も入管に働きかけています。しかし、このような理由で帰国させることは法務省が禁止しています。

技能実習制度ガイドライン作成にあたってパブコメに対する回答（法務省）

Q：問題のある技能実習生を解雇して早期に帰国させることは可能にすべきではないか。

A：技能実習生の技能等修得状況には当然差異が生じることが想定され、選抜における錯誤のみをもって早期帰国を求めることは技能実習制度の趣旨に反します。

受入組合が建設業の特殊な事情をよく知らずに、他の製造業と同じように実習生を送り込んでいるのではないかと思います。前述したように建設業の場合は就業場所が工事の受注現場になりますから、毎月1回の現場指導も、今日どこにいるか確認しなければ会うことすらできません。

前述したタン君の本社は鳥取県ですが、受注現場は宮城県気仙沼でした。組合は誰も現地に行っていませんでした。これらの受入組合は仕事を紹介しないのではなく、紹介できないのではないかと思います。建設業は21職種31作業に分かれており、実習生が指定されている職種作業と合う会社を持っていないのかもしれません。そこで日本語のできない実習生に「生活態度が悪い」とか「言うことを聞かない」などの理由で帰国させようとしているのでしょう。

「0・7マイクロシーベルトある。怖い！」

4月下旬に届いたメールの発信元は福島県大熊町にある東京電力の寮からでした。

「0・7マイクロシーベルトある。怖い」と書かれていました。

福島の友人に聞いたところ、「あのあたりは許可を得たものか、作業員しか入れない」とのことでした。調べてみると大熊町が政府の進める帰宅困難地域の解除に向けて準備を始めていました。実習企業は千葉県の内装業者でしたが、会社がこの工事を請け負っていました。彼は宮城県名取市の宿舎から毎日放射線量の高い地域を通って大熊町の現場まで通っていました。

技能実習計画書の就業場所は受託現場と書けばいいので、入管は全国どこでも許可してし

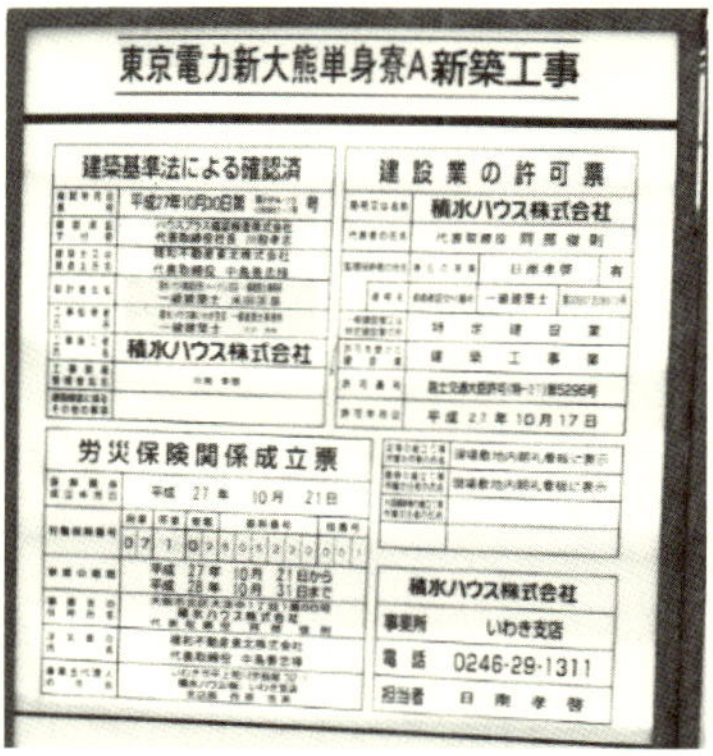

福島県大熊町の東京電力の寮から送られてきた写真

まいます。福島第一原発から西に10キロの東電大熊寮は、住民の日中の立ち入りはできますが、これが技能実習として適切なのか。帰宅したい住民に必要な作業であったとしても、これを拒否できない外国人実習生に強制していいのか。これでは奴隷労働と言ってもいいでしょう。

　この件も先の法務委員会で取り上げてもらいました。さすがに入管もすぐに動いたようですが、実習生は会社にひどく叱られたようです。

「インターネットのしゃしんを消してください」「すいません。もうしわけないです」とメールが入りました。

建設業問題で国交省要請

　2016年7月29日には建設業外国人実習生の問題について国土交通省への要請を行いました。厚労省、法務省も同席しました。愛労連への昨年の相談12件のうち建設業が8件で実習生の失踪も多いと、建設業者に適切な指導を行うよう求めました。しかし、国交省は自分たちには「指導権限がない」と言うだけでした。受け入れは拡大するが「取り締まりは厚労省・法務省の責任」という態度でした。そこで法務省に、急増する失踪者の産業別の数を問いました。後日同席いただいた本村伸子衆院議員から連絡がありましたが、「そのような統計は取っていない」という回答でした。これでは原因の分析もできず、失踪者をは減らせません。

要請項目

1．建設業実習生は月給制とし、変形労働時間制はとらないこと。休憩時間は有給とし、雨天で仕事がない場合には休業補償を行うこと。

2．仕事によるケガは必ず通訳をつけて病院に行き、労災手続きを行うこと。

3．実習実施計画の就業場所は県内・県外を記入し、県外になる場合には実習実施企業に労働条件の変更書面を提出させること。団体の指導員は必ず実習実施場所に行って実習生に直接指導を行うこと。

4．「生活態度が悪い」とか「言うことを聞かない」などの理由で解雇、帰国をさせないこと。解雇された場合には受入団体の責任で新たな受け入れ先を確保すること。再講習期間中の賃金は受入団体が保障すること。

5．暴力をふるわないこと。暴力事件を起こした受入企業には実習生を派遣しないこと。

外国人実習制度の現状

外国人雇用の現状

図2　在留資格別外国人労働者の割合

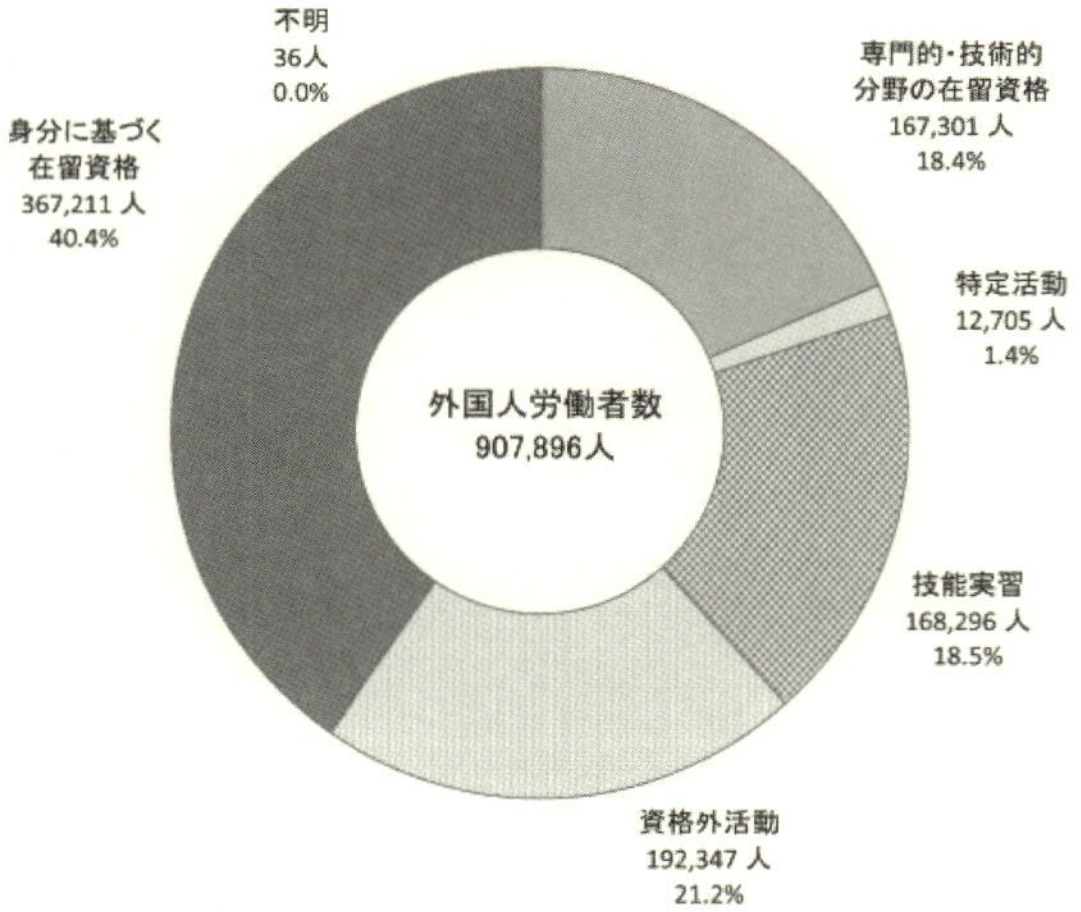

厚生労働省雇用状況調査（2015年10月）

日本で働く外国人が急増しています。２０１５年10月末の統計では前年より12万人（15・３％）増えて90万８０００人になっています。（厚労省「外国人雇用状況調査」）国別に見ると中国が最も多く32・２万人、次いでベトナム11万人、フィリピン10・６万人、ブラジル９・６万人となっています。

在留資格別には、家族や定住者など「身分に基づく在留資格」が40・４％、次いで留学など「資格外活動」が21・２％、「技能実習」が18・５％、「専門的・技術的分野」が18・４％となっています。この１年間では留学生が4・2万人（33・9％）も急増しています。「技能実習」も2・3万人（15・7％）増えています。

人手不足少子化のなかで外国人留学生の受け入れに力を入れる日本語学校・大学や、外国人介護福祉士の在留資格を新設する入管法改正を見越して専門学校の受け入れが始まっています。留学生は週に28時間までのアルバイトが認められており、近年はコンビニで多くの留学生を見かけます。特にネパールは留学などの「資格外活動」が8割を占め、そのうち3割がサービス業で働いています。ベトナム人留学生も急増しており4・8万人となっています。

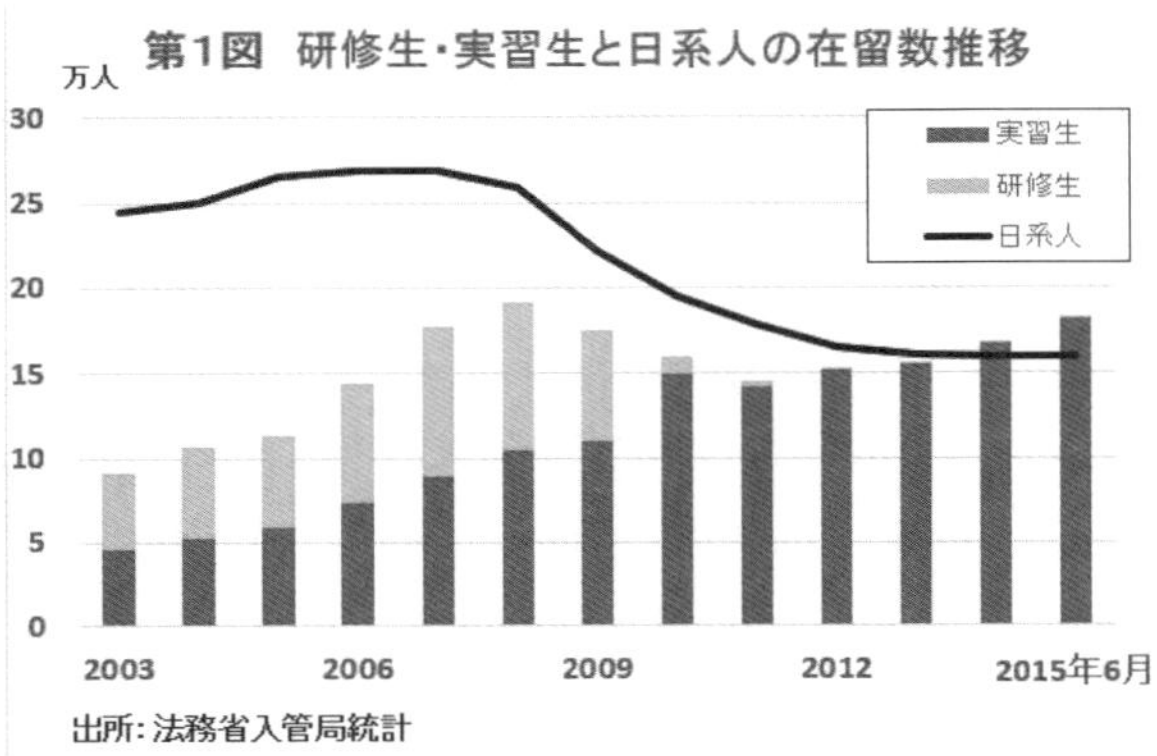

法務省入管局（2015年）

本書ではふれませんが、留学生の激増の背景には政府の「留学生30万人計画」があります。これに乗じて母国では不正なブローカーによる高額な手数料ビジネスが横行し、実習生につぐ新たな〝奴隷労働〟という事態が広がっています。（出井康博『ルポ

ニッポン絶望工場』講談社＋α新書）

JITCO入国支援技能実習生(1号)(性別・国籍別)(2016年5月末分)

			性　別		国　籍　別(注3)					
			男性	女性	中国	ベトナム	フィリピン	インドネシア	タイ	その他
2012年		44,043	17,497	26,546	34,794	4,495	1,489	1,556	781	928
2013年		40,410	16,889	23,521	28,805	6,114	1,749	1,619	1,043	1,080
2014年		46,775	21,579	25,196	26,635	11,176	2,782	2,282	1,486	2,414
2015年		49,265	23,077	26,196	21,379	16,932	3,054	2,487	1,791	3,622
2016年	1〜5月	20,678	9,733	10,945	7,815	8,420	1,330	1,007	588	1,518

JITCO（2016年6月）

技能実習生の現状

研修生・実習生は２００８年のリーマンショック後に減っていましたが、ここ数年は増えてきています。２０１６年は過去最高の20万人に迫っています。

国別には、これまで中国が実習生全体の6割以上を占めていましたが、この数年間に中国が減少する一方でベトナムとフィリピンからの実習生が大幅に増えています。２０１６年に入ってからの新規入国者数ではベトナムが中国に迫っています。

このベトナムの事情について、ジャーナリストの巣内尚子さんがＹＡＨＯＯニュースで詳しく紹介してくれています。（ルポ「外国人技能実習生ビジネス」と送り出し地ベトナムの悲鳴（1）ベトナム人はなぜ日本に来るのか?
http://bylines.news.yahoo.co.jp/sunainaoko/20160725-00060362/）

また全体の割合ではまだ大きくありませんが、カンボジア、ミャンマーからの実習生も増えています。特にミャンマー人は「実習生　１

職種別技能実習2号移行申請者の推移(jitco)			
分　野	2013年度	2014年度	2015年度
農　業	7,252	7,799	8,856
漁　業	778	765	913
建　設	5,347	7,759	12,767
食料品	7,148	7,494	9,773
繊維・	10,385	9,781	10,061
機械・金属	10,212	11,924	14,632
その他	10,625	13,505	16,758
合　計	51,747	59,027	73,760

JITCO（2016年12月）

年半で10倍超」「「ミャンマー人争奪戦」（『朝日新聞』２０１６・１・12）というほど増えています。入管でも労基署でも通訳の確保が課題になっており、これが申告をしにくくしています。多国籍化により入管・労基署はますます対応が困難になり、不正な組織を許すことになります。

職種別に見ると、従来最も多かった繊維・被服が減少してくる一方で農業・建設業・食料品が増えています。

地域的には愛知県がダントツに多く全体の１割を締め、ついで岐阜、広島、茨城の順になっています。

職種別には、繊維・衣服は岐阜県が多く１県で15％を占めています。建設業は首都圏４都県で全国の38％を占め、愛知県も年１２００人を超えて３位に急増しています。建設業は２０１５年４月より３年間の技能実習を終えた後に「特定活動」として２年間働くことができるようになっています。

数は多くありませんが漁業も増えています。特に東日本大震災で沿岸部に被害の大きかった東北３県で「震災時から６５０人以上増加」して「水産業人手不足…今や主力」（『中日新聞』２０１６・３・６）となっています。

平成27年の「不正行為」について　入国管理局

（表５）平成27年　類型別受入れ形態別「不正行為」件数（上陸基準省令）

	企業単独型	団体監理型		計
		監理団体	実習実施機関	
暴行・脅迫・監禁	0	0	2	2
旅券・在留カードの取上げ	0	3	6	9
賃金等の不払	2	6	130	138
人権を著しく侵害する行為	0	2	7	9
偽変造文書等の行使・提供	0	26	36	62
保証金の徴収等	0	2	2	4
講習期間中の業務への従事	0	1	7	8
二重契約	0	0	1	1
技能実習計画との齟齬	0	6	33	39
名義貸し	0	1	32	33
実習実施機関における「不正行為の報告不履行」・「実習継続不可能時の報告不履行」	0		0	0
監理団体における「不正行為等の報告不履行」・「監査，相談体制構築等の不履行」		5		5
行方不明者の多発	0	0	0	0
不法就労者の雇用等	1	0	23	24
労働関係法令違反	1	1	33	35
営利目的のあっせん行為	0	0	0	0
再度の不正行為	0	0	1	1
日誌等の作成等不履行	0	0	0	0
帰国時の報告不履行	0	0	0	0
研修生の所定時間外作業	0	0	0	0
計	4	53	313	370

平成27年の不正行為（入国管理局）

※表の「移行申請者数」は1年ごとの人数なので、全体の数はこの約3倍。

不正と違反

　しかし技能実習にかかわる不正はまったく減っていません。厚労省の「外国人技能実習生の実習実施機関に対する監督指導、送検の状況（平成27年）」によれば「全国の労働基準監督機関において、実習実施機関に対して5173件の監督指導を実施し、その71・4％に当たる3695件で労働基準関係法令違反が認められ」ています。実習生受入企業は約2万社あり、その7～8割近い事業所で労働法令違反があります。

このなかには「4法人及び各法人の事業主らとともに割増賃金を時間単価500円で計算し支払うこと等を事業主らに提案し、共謀した監理団体の関係者を同時送検」したなど、悪質なものが46件と前年を大きく上回っています。

労基署の定期巡回でこれだけの不正があるにもかかわらず、実習生からの申告数は89件しかありません。約2万社以上と言われる受入事業所の7割に不正があるとすれば申告はその約1％もできていないことになります。また法務省の「平成27年『不正行為』について」では「不正行為」を認定された企業・団体は平成26年241件、27年273件となっています（重複を除く）。限られた入管体制と任意による調査では不正がなくなりません。

不正の内容は地方によっても違います。愛知県に次いで全国で2番目に多くの実習生がいる岐阜県は、縫製業や自動車座席シートなどの職種が多いこともあり、賃金関係の違反がとても多くなっています。3章でも述べましたが3000人以上の実習生がいる縫製業で、調査した半数が最賃違反、24％が証拠隠滅など受入企業の大半で賃金の違反が指摘されています。ここだけで全国の最賃違反の2割を占めます。

失踪者の増加

失踪した外国人技能実習生の数が、２０１５年に５８０３人に上りました。失踪は２０１１年から実習生が増えるにつれて増えていますが、その数は２０１１年に１１１５人だったものが２０１２年は２００５人、２０１３年に３５６６人、２０１４年には４８４７人と激増しており、実習生の増加率を大きく上回っています。

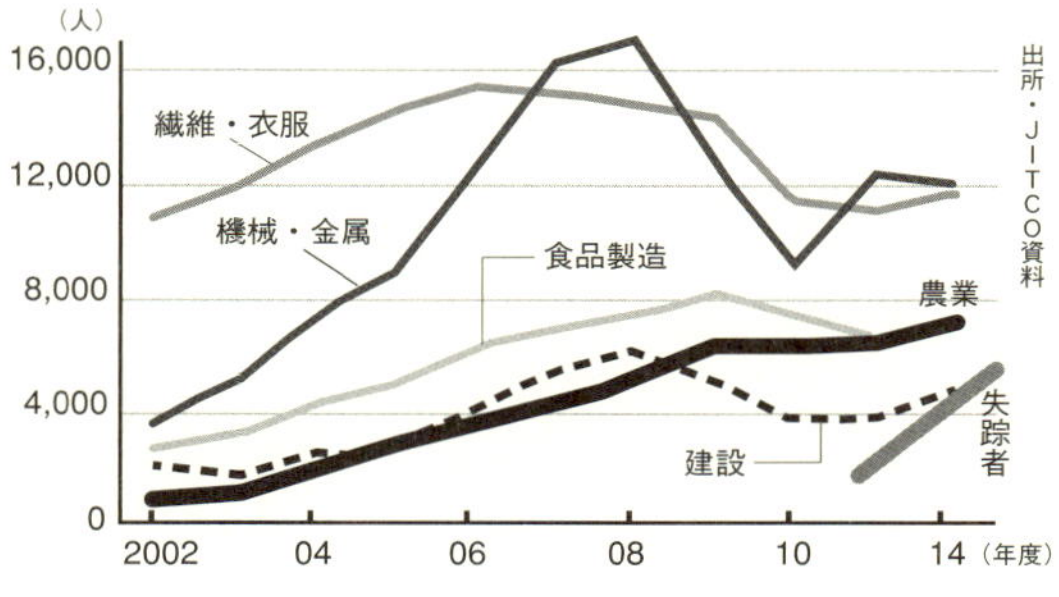

失踪者の急増（JITCO資料から作成）

国籍別には実習生の多い中国、ベトナム人が多いのですが、昨年はミャンマー人の失踪が倍増しています。「15年に失踪した実習生は10月までに約４９３０人。ミャンマー人は１～６月の上半期だけで１２７人が失踪し、14年の１０７人を上回って」います。（『朝日新聞』２０１６・１・12）

法務省の補佐官は、「もっと給料の高いところで働きたい」のが理由と決めつけていました。そのため今回の入管法改正では失踪者への罰則を強化しています。しかし法務省は失踪者の不正との関係どころか産業別＊の統計すら取っていません（本村衆院議員への回答、８月４日）。先の厚労省の申告数を見てもわかるように、不正があってもこれを訴えられない実態があります。受入組合は「ミャンマー人は待遇に不満があっても何も言わない」（『朝日新聞』）と言っていましたが、不正を訴えられない実習生は逃げるしかありません。また、この1年は建設業で逃げてくる実習生がたいへん多くなっています。そのなかには「不満を言ったら首になって、組合が次の会社を探してくれない」「パスポートを取られたので帰国させられると思った」というものが何件もありました。

建設業の急増に対してこれを監理できない受入機関にも問題があります。罰則を強化しても受入機関の不正がなくならなければ失踪は減りません。

＊その後、２０１６年9～10月の失踪者のうち3割が建設関係と判明。（12月発表・法務省）

ブローカー

技能実習制度では、営利を目的とする組織は母国でのあっせんも含めて介在を禁じられています。また「名義貸し」による「名ばかり監理団体」も禁止されました。しかし前回の改正以後も様々な形で営利組織が介在しています。ここではそれらをすべて「ブローカー」と呼んでいます。

「当社では、技能実習生受け入れの管理業務を行う監理組合から業務委託を受け、海外送り出し機関との手続き業務、及び受け入れされた実習生の管理を行います」と宣伝する業者も出てきています。

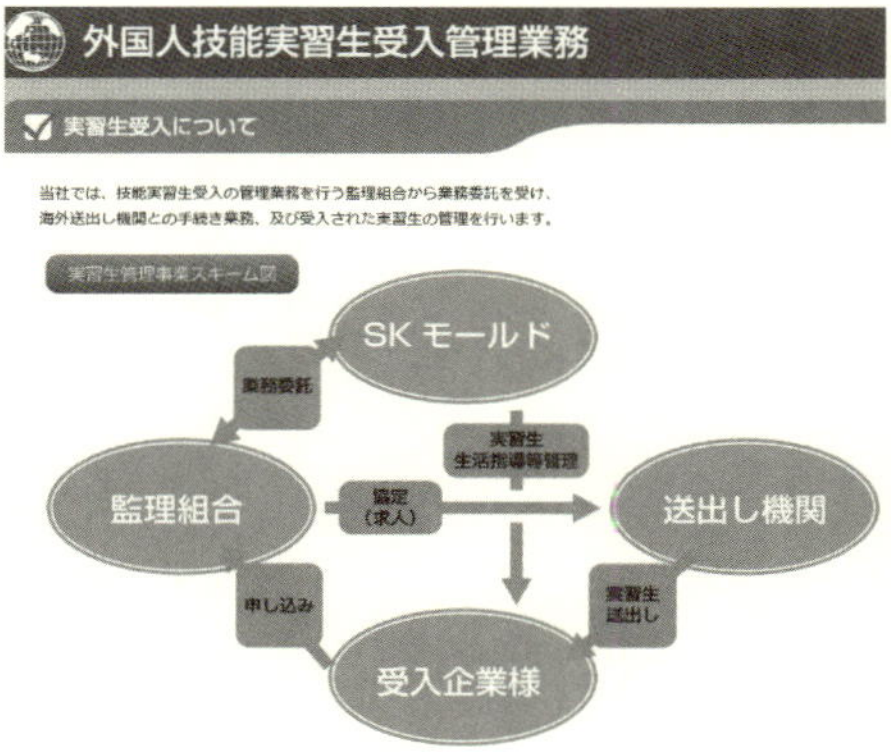

監理の業務委託を宣伝するホームページ

組織的に実習制度に介在するもので大きなものは派遣会社です。顧客の数社を会員にして協同組合を作っています。近年は活動しなくなった事業協同組合の名義を買うこともあります。組合から「業務委託」を受けるかたちにして実際には母国でのあっせん・入国から講習・監理、帰国手続きまですべて派遣会社が行っています。しかし法務省は「外部の機関を指揮命令しながら業務の一部を分担させていた場合は、必ずしも不正行為に該当するものではありません」（2014年3月17日・参院法務委員会）と介在を認めてしまいました。

前出の「ITC事件」では派遣会社の社長が受入機関の専務を兼任し、同一人物なので「直接指揮命令」しているものとなりました。

「平成27年の「不正行為」について」（法務省）の例では「監査」を委託された企業に対して「不正行為を行ったと認められる旨を通知した」となっています。技能実習制度ではこれら受託企業に対しては罰則がないため「通知」しかできないのだと思います。また、設立時に〈教文〉本社内に事務所があった〈櫻花協同組合〉では、3月に役員が2000万円の不正で書類送検されました。法務省はこれだけ利益があっても非営利組織であるとして調査を行わず、組合は受け入れを続けています。さらに業務を委託している〈教文〉には任意でしか調査ができず、〈教文〉内にある送り出し機関にはまったく手が出ません。

現行の入管法にも不法就労助長罪がありますが、不法就労を紹介「あっせん」したブローカーはなかなか起訴されません。２０１４年に富山から名古屋入管に移送されてきたネパール人の元実習生たちは、３年の実習期間終了間際になって派遣会社Ｍに仕事を紹介されたと言っていました。しかし実際に働かせていた会社と東京の派遣会社は処分されても、Ｍ社の名前はどこにも出ません。（後日、Ｍ社の外国人通訳だけ処分されたと説明がありました。）

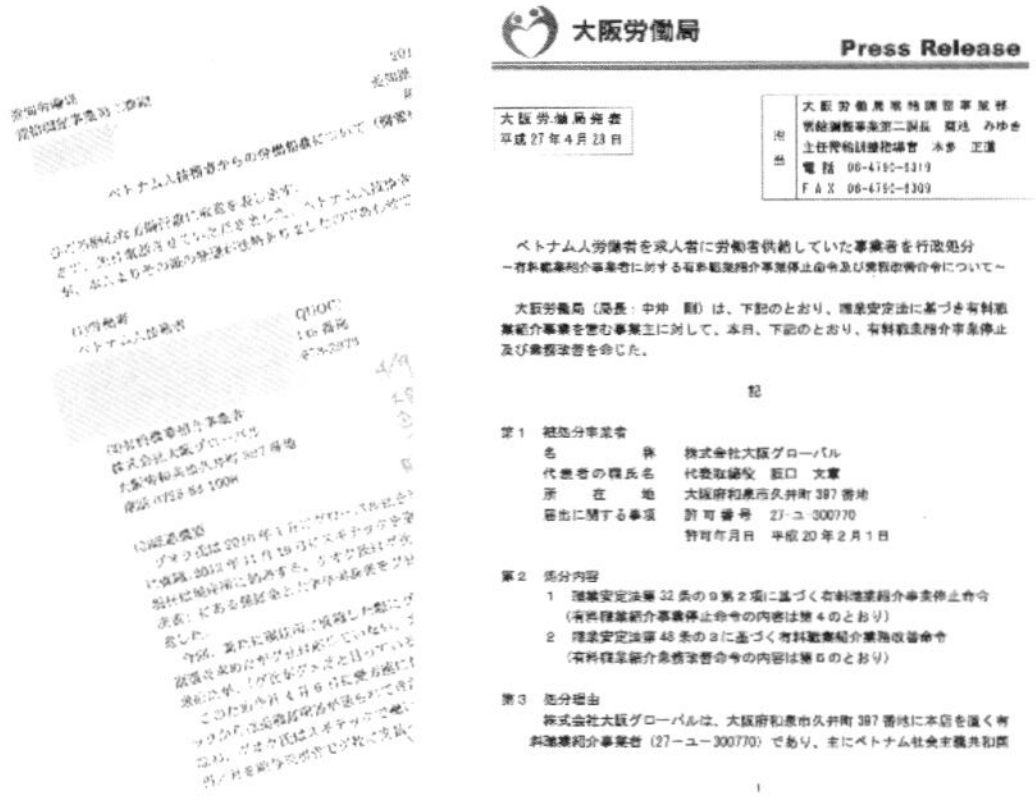
大阪労働局

Press Release

大阪労働局発表
平成27年4月23日

ベトナム人労働者を求人者に労働者供給していた事業者を行政処分
～有料職業紹介事業者に対する有料職業紹介事業停止命令及び業務改善命令について～

大阪労働局（局長：中沖　剛）は、下記のとおり、職業安定法に基づき有料職業紹介事業を営む事業主に対して、本日、下記のとおり、有料職業紹介事業停止及び業務改善を命じた。

記

第１　被処分事業者
名　称　株式会社大阪グローバル
所在地　大阪府和泉市久井町387番地
許可番号　27-ユ-300770
許可年月日　平成20年2月1日

第２　処分内容
１　職業安定法第32条の9第2項に基づく有料職業紹介事業停止命令
（有料職業紹介事業停止命令の内容は第4のとおり）
２　職業安定法第48条の3に基づく有料職業紹介業務改善命令
（有料職業紹介業務改善命令の内容は第5のとおり）

第３　処分理由
株式会社大阪グローバルは、大阪府和泉市久井町387番地に本店を置く有料職業紹介事業者（27－ユ－300770）であり、主にベトナム社会主義共和国

愛労連が告発した職業紹介会社の処分

２０１４年に岐阜で起きた風俗店の事件でも、起訴されたのは外国人通訳だけで、一緒に逮捕された暴力団員は起訴されていません。「あっせん」は一時的で証拠が残りにくく、本人が否定すると起訴するのが難しいからだと思います。一方、外国人は起

訴されても「国外退去」の罰則ならすぐに罪を認めてしまうからでしょう。

実習生以外の「技術」資格でも日本で仕事を見つけるために派遣会社や職業紹介を使うことが少なくありません。相談があった事件では、名古屋市内にあるベトナムの紹介会社が日本の派遣会社を使って市内で働かせていました。二重契約と賃金不払いの違反があって派遣会社の社長を労基署に呼び出しましたが、「いま東北にいるので、すぐには行けん」と言っていたそうです。

また三重県の会社で働いていたベトナム人技術者は職業紹介費用を不正に取られていました。ブローカーは彼らが日本の法律をよく知らないのを承知で不法行為を行っています。この紹介会社はその後、大阪労働局から処分を受けていました。

タン君も広島の受入機関から名古屋のブローカーを紹介されました。偶然にも私がかつて告発したブローカーでしたのでやめさせました。不正を訴えて逃げた実習生が悪質なブローカーに利用されないよう制度の改正が必要です。

送り出し機関のセールス

〈ファッションM〉ではあっせん者に「ベトナムの送り出し機関との話で基本給6万円、残業400円で働かせてみてください」と言われました。この送り出し機関は福岡に営業所があり、わざわざ岐阜まで営業に来たようです。ここでは送り出し機関との間で「(この残業代に)同意しない技能実習希望者を斡旋しない」という覚書を交わしていました。実習生は「(同じ送り出しから来ている)友人たちは告発を恐れています。なぜなら日本に行く前に、社長が時給は350円だと言ったから」と言っていました。

「残業代400円」での営業の背景には日本への送り出しが急増するなか、送り出し機関の方が日本の受入機関より弱いことがあります。そのため送り出し監理費を値切られたり、日本から不当な金を請求されることもあります。これが実習生に押しつけられ、日本に来るため150万円もの負担を強いられることもあります。

ある送り出し機関からの受入機関へのメール

現状では送り出し機関は契約を取るために必死です。××でも最低限、日本へ営業所がないと組合の自習生(ママ)の注文は取れません。私どもは、××の日本事務所を担当して、いろいろな対応をするつもりです。そのために1500ドルは必要です。Tさんに提案です。当面は実習生からの費用を5500ドルでどうでしょうか? これでも最安値です。検討してください。

また2015年から送り出し機関の営業も活発になっています。外国人実習生に関係する「組合」と思われているのか、愛労連にもしょっちゅうセールスがあります。昨年はベトナムに加えカンボジア、モンゴルの送り出し機関からセールスがありました。カンボジア人は200円、ミャンマー人は250円という話も出てきました。

外国人実習制度の見直し

実習生新法案と入管法改正案の審議入り

政府は2015年3月に外国人実習生の保護を名目にして、受け入れを拡大するための新しい法案を提出しました。当初は2016年4月からの施行を予定し、5月の連休明けにも審議開始が予定されていました。そのため愛労連は急きょ意見書を作成して提出しました。しかし安倍内閣が一連の「戦争法案」を強行採決するために国会の会期を史上最長に延長し、厚生労働委員会が10月から施行される改正労働者派遣法の審議を優先させたため、この実習生新法案の審議入りは大幅に遅れました。やっと9月初旬の本会議に上程されたものの委員会に付託しただけで閉会。その後秋の臨時国会も開かれなかったため、2016年4月からの施行はできなくなりました。

２０１6年4月6日に法務委員会での審議が始まりました。法案は法務・厚労の2省にまたがり、現地調査、2回の公聴会も行われました。4月には福島大学の坂本恵先生が参考人として出席し、私も5月10日の公聴会で参考人として発言しました。5月13日には修正案、附帯決議も出されましたが、問題点がたくさん指摘されたことから法務委員会では審議終局とせず、さらに閉会中も調査を行い、必要があれば審議を行うことも含めて継続審議の扱いになりました。

法案が出てきた背景

２０１1年3月の東日本大震災後の復興事業が始まると、東北に建設業の機材や労働者が集められました。ところが２０１3年9月にオリンピックの東京開催が決まると、今度は関東周辺に建設労働者が集められ、東北は深刻な人手不足になりました。そのため復興作業、除染活動などに外国人を使う業者も増えてきました。さらに２０１4年4月に消費税引き上げが行われたため、住宅など駆け込み受注が殺到して人手不足に拍車をかけました。

また介護業界の人手不足は慢性化し、とくに地方では安倍内閣の提唱する「一億総活躍社会」で介護施設の建設は進むものの職員の確保にはまったくめどが立っていません。そこで介護業界からは安い外国人労働者受け入れの要望が強く出されてきました。そこに学生不足の福祉専門学校、自治体、日本語学校などが提携して介護職をめざす外国人留学生を受け入れる活動も急速に広がってきました。

しかし、一方で技能実習制度の不正は相変わらず多く、マスコミでも「低賃金・不払い 耐えぬ問題」（『朝日新聞』２０１５・11・23）と逃げた実習生が大学のヤギを食べた事件が報道され、労災死事件も続いて発生しています。なかでも政府にとって一番困ったのは、米国の人身売買報告書に毎年「強制労働」と書かれていることです。受入を拡大するためには「実習生の保護」を法律化する必要がありました。

制度改正の動き

２０１４年には有識者会議で外国人介護労働者の受け入れについて報告書がまとめられました。技能実習についても産業競争力会議（議長＝安倍首相）が２０１３年12月に職種拡大と在留期間を5年まで延長する中間報告をまとめました。政府が作成した第5次出入国管理基本計画のなかでも、「我が国経済社会に活力をもたらす外国人の円滑な受け入れ」のなかで外国人受入の拡大のために必要な施策を提起しています。ここには高齢化を見越した外国人労働者の受け入れを求める経団連の要求があります。介護の外国人については神奈川と大阪で特区が認められ、愛知県も技能実習生の拡大を含めた外国人特区を申請しています。

このうち建設業については、緊急な「労働力不足への対応」が求められたことから「建設分野における外国人材の活用に係る緊急措置」（平成26年4月4日）が決定されました。

「実習生頼みは安直だ」（『朝日新聞』２０１４・１・29）など、技能実習制度の安易な拡大には批判がありました。また実習制度では人手不足対策として求人を募集することが禁じられているため実習制度ではなく「特定活動」とし、オリンピックまでの時限措置とされました。しかし実際には「技能実習」を3年間終了した外国人をあと2年働かせることができる内容で、監理の仕組みも各機関の前に「優良な」が付くだけで実習制度と同じ仕組みになっています。

愛労連もパブコメを提出しました。ガイドラインで賃金は「実際に3年間の経験を積んだ日本人の技能者に支払っている報酬と比較し、適切に報酬予定額を設定する必要があります」とされました。

新法案の問題点

愛労連は、２０１５年5月に両法案について意見書を提出しました。若干修正箇所もありますが要旨は以下の通りです。

「出入国管理及び難民認定法の一部を改正する法律案」に対する意見書（要旨）

(1)罰則の強化および在留資格取り消し事由の拡充への反対

現行の入管法73条の2には不法就労活動をあっせんした者に対する罰則が規定されている。しかし実際に不法就労助長罪で罰せられた日本人は極めて少ない。いま必要なことは「改正」による罰則強化ではなく73条2に定める不法就労助長にたいする実効ある取り締まりの強化である。仮に在留資格取得・変更に問題があるとしても、今日、外国人に対して「罰則の強化」は必要ない。

直ちに資格を取り消されれば国内滞在そのものが不法残留となる。不正の告発はますます困難となり、不法な労働をがまんするか失踪せざるを得なくなる。この点から「在留資格取り消し事由の拡充」はすべきでない。

(2)あらたな在留資格「介護」の新設に対する疑問

「改正案」で新設する介護資格は「介護の指導」とは名ばかりで、実際には言葉も不便な外国人実習生を「監理」するために、外国人介護福祉士を通訳も兼ねた指導者として安上がりに使うのではないかという疑問がある。

「外国人の技能実習の適正な実施及び技能実習生の保護に関する法律」案に対する意見書要旨

(1)法律に明記したことは極めて重要である

①理念と目的を法律に明記
②労働法令違反者は事前の計画で排除
③監理団体を許可制にしたこと。
④国による立ち入り調査権を明記
⑤技能実習生に「申告権」が認められる

（2）疑問点

以上、監理団体と受入企業に対する規定では多くの改善点がある一方、これまでの経験からは下記のような疑問点がある。

①「名義貸しの禁止」について

本国におけるあっせん、日常監理、不払い賃金等の精算、帰国後に費用の請求などを派遣会社に委託することはできるのか

②「非常勤役職員」による監理

派遣先が都道府県をまたいで広域となる場合には事業を行う都道府県ごとに常勤の監理責任者を義務づけるのか。非常勤職員でもかまわないのか。

（3）「第三章外国人技能実習機構」について

①機構の体制と権限は

日常的に実習生の「窓口」となる「相談」は機構が行うことになるため、実習生が実際に利用できる範囲に設置されるのか。言葉の問題も含めて機構の体制と権限の整備が必要になる。

（4）国の体制拡充が必要

受入企業（実習実施実施者）への監督は「機構」（十三条関係）、第一次受入機関（監理団体）への監督は労働基準監督官、漁業は船員労務官（三十五条関係）となっている。母国語での相談・申告に労基署が対応できるよう体制の拡充や、外国人実習生が申告するための手引きや受付体制が必要になる。

（5）果たして「新法」は必要なのか

このように「新法」では数百人の体制で「機構」を作り、数多くの監理団体を監督することになる。その費用は決して少なくないし、受入人数に制限のない制度のため、今後もさらに拡大することも考えられる。このような大がかりな監督体制と監理団体が必要となるのは、単純労働の受入を否定し「技能移転」の建前を残していることが大きな理由である。

しかし実際には「人手不足解消」をうたった実習企業の募集の広告がネットにあふれており、その目的で導入する受入企業が大半である。失踪する実習生は「技能取得」が目的ではなく「出稼ぎ」が目的であるからである。国への手数料や監理団体費用の負担を強いられる受入企業のなかには、その負担分を取り戻すために実習生の賃金を抑えたり、不当な家賃を徴収することも少なくないし、これが失踪の原因になることもある。

このまま「建前」と「実態」の矛盾を放置したまま、新法を制定し「機構」を拡大していくことが、本当に必要なことなのか、審議のなかで問うことが求められる。

私は「技能移転による国際協力」は単独受入型のみとし、団体監理型を廃止すべきであると考える。その上で国と業界が努力しても国内労働力の確保が困難な業種に限って単純労働者の受入を認めることが必要だと考える。その際受入業種、受入人数は国が制限し、募集はハローワークを通じて一元的に行うなど、国が責任をもって受け入れることが必要だと考える。

国会での審議と現状

両法案は2016年春の通常国会で審議をされました。その間に事件の新たな展開もありましたが、重要な回答もいくつかありました。

入管法改正案の「在留資格を直ちに取り消すことができる（正当な理由がある場合をのぞく）」について

タン君の事例をもとに繰り返し質疑が交わされました。法務省は受入機関の不正やパワハラ、パスポート取り上げなどの重大な人権侵害があった場合には転籍を認めるとしました。しかし不正や人権侵害を訴えた場合には強制帰国されることが少なくありません。強制帰国されそうになって失踪した実習生が受入機関の不正を証明することが極めて難しいことは、タン君の事件で明らかになりました。

寮費の問題について

〈〇〇電装〉（第1章）で5人部屋に二段ベッドで月4万円の家賃を取っても法務省は「諸般の事情を考慮し直ちに不正とは言えない」と回答しました。この現行制度について繰り返し質問したなかで岩城大臣は「技能実習生が本当に安心して実習に専念できる環境を確保するためには……宿舎費の金額が適正なものであることは重要でございます。……この適正な宿舎費について、より明確化していきたいと考えております」と答弁しました。今後〈〇〇電装〉との団体交渉で出された実費の明細も示して基準を作らせていきたいと思います。

介護について

（階委員）「介護について、技能実習生の職種のなかに加えられるということはもう確定的だということでいいんでしょうか。」

（岩城大臣）「階委員ご指摘の通りでございます」

と実習生新法ができたら介護の実習生受入を始めると明言しました。しかし、具体的な体制については、

（堀江厚労審議官）「2年目の実習生に夜勤を認める場合でも、実習生1人で夜勤を行わせるのではなくて、他の介護職員が配置され、実習生による介護をサポートできるようにするといった措置が必要」

としたことに、畑野君枝議員が「配置基準の1人に技能実習生を換算するのか」と聞くと、それすら決まっていないと答えました。

（濵谷厚労審議官）「介護保険の配置基準あるいは介護報酬の取り扱いにつきましては、今後、関係者の意見、あるいは既に実施されておりますEPAの仕組み等を踏まえ、検討してまいりたいと考えております」

また介護については入国の際の日本語基準が当初「N4」（「基本的な日本語を理解することが

できる」）だったものが、「N４程度」となり、日本語能力試験合格証が不要で、実質的には現行の技能実習生と変わりません。夜勤ができる2年目への移行も、当初の「N３」（「日常的な場面で使われる日本語をある程度理解することができる」）が「N３程度」とされました。また審議のなかで実習生の職種に介護「等」とあり様々な補助労働に使えることも明らかになっています。これは介護保険の「要支援」外しに続き、「要介護１」「２」も介護保険から外す動きが伝えられており、こういうところに人件費の安い外国人実習生を使うのではないかとも考えられます。

「国際貢献の目的」を理由にしているため、受け入れ国の数や受け入れ人数の制限がないことも問題になりました。「教文事件」のように日本の派遣会社が現地に送り出し機関を作るなど、送り出し機関を使った脅迫や、不正隠しを防ぐための二国間協定については強制力のない「取り決め」になっており、多くの抜け道が指摘されています。この他にもシェルターの設置、電話だけでなくメールでの相談、母国語での対応など様々な問題が質問されました。

新法案で〈教文〉の不正を暴けるのか

タン君の事件では結局不正認定を受けたのは何もしていなかった〈WILL UNION《ウィル　ユニオン》〉だけです。「委託」されていたブローカー〈SV〉には「通知」だけです。社内にいくつもの

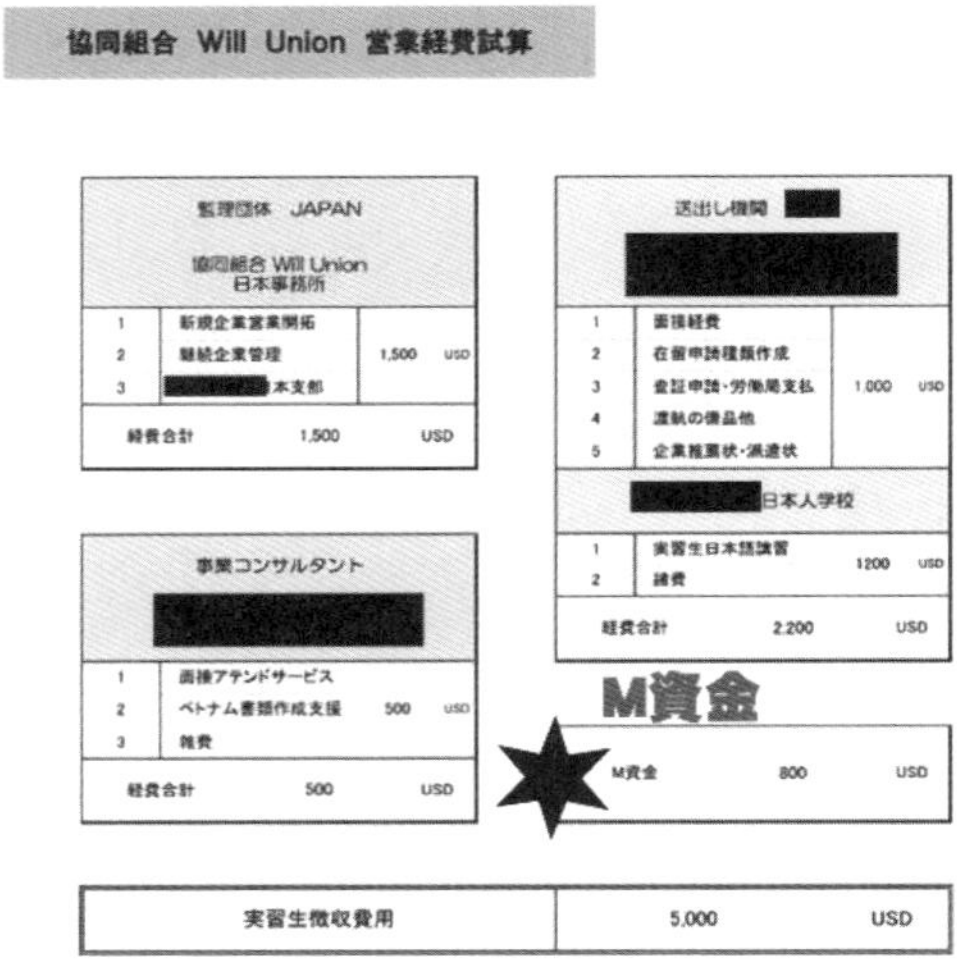

「M資金　800USD」とは何か？

受入機関とベトナムの送り出し機関をおいている〈教文〉には何の処分もありません。送り出し機関〈ＴＲＡＣＯＤＩ〉は広島の教文内にあっても「海外の機関」なので調査もしません。〈ウイル・ユニオン〉の受け入れ費用には、委託先である〈教文〉のM氏に渡すためでしょうか、「M資金」という項目も計上されていました。〈ウイル・ユニオン〉のT代表はすでに新たな受け入れを始めたようで、事務所のすぐ上に〈協同組合T〉（本部は東京）の中国支部が開設されました。

２０００万円の横領で役員が逮捕、起訴された〈櫻花協同組合〉について法務省は「協同組合なので非営利団体」であるという理由で調査しないようです。２０１６年８月になっても厚労省の人材サービス総合サイトに掲載されており、処分歴も見当たりません。しかしこれを放置するようでは、新法案の実効性も疑われます。

新たに出てきた「受験ビジネス」

法案審議中に新たな問題も持ち込まれてきました。そのうちの一つが、実習生の受ける受験料です。外国人実習生が1年間の実習を終え2年目の在留資格に移行するためには「技能検定基礎2級」試験に合格する必要があります。これまで試験は厚労省所管の各県職業能力開発協会が実施してきました。この試験が「いい加減だ」との批判を逆に利用して、厚労省は新たな認定規定を設け、実習生の試験を能力開発協会以外の「試験実施機関」で行わせることができるようにしました。これまでに20職種16機関が「実施機関」の認定を受けています。

これまで能力開発協会の受験料標準金額は実技試験1万7900円、学科試験3100円で、外国人実習生もこの金額に準じていました。ところが新たな制度では具体的な基準はありません。2015年2月、自動車シート縫製作業の試験は一般社団法人日本ソーイング技術研究協会が試験

自動車座席シート受験料は6万円

機関として認定されました。ここでは試験料が1人6万円となっており、3人受験させると企業は18万円もの負担になります。県内で試験が行われないと受験のための旅費・宿泊費も必要になります。認定直前の1月29日には経産省で連絡会議が開催されています。「関係省庁の幹部が自動車業界の一部にすぎない自動車シート縫製業界のために時間を割き、会議室まで提供して頂いたことは極めて異例」（日本ソーイング技術研究協会・M理事長）です。

不正事件を起こした役員の名前が

しかもこの協会の筆頭理事に、かつて大きな不正事件を起こした豊田技術交流事業協同組合のI理事長（当時）の名前がありました。ここでは100人ものベトナム人実習生が時給300円、400円の残業代で働かされ、トイレに行くたびに1分15円の罰金を課すなど、人権侵害やセクハラ、強制貯金が多発していました。（詳しくは『トヨタの足元で』風媒社）

I氏が経営するI産業はトヨタ紡織の「座席シート縫製」の中間企業で、その下にはたいへん多くの下請け企業があります。同協会のホームページには「2級及び3級については、外国人技能実習生受入れ企業が受入申請時に提出する技能実習計画の指導体制欄に掲げる指導員資格の目安の一つともなっています」として、下請け企業の従業員にも試験を受けるよう求めています。また協会は会員を募っており、会員に便宜をはかったり、送り出し機関を紹介するなど実習生の受け入れに影響を持つのではないか疑われます。試験機関には受入機関との関係をもたない中立性が求められるのではないでしょうか。

実習生へのしわ寄せピンハネが心配

2月に相談に来た岡崎市内のフィリピン人実習生は受験料として3万円を請求されたために、試験を受けず帰国しました*。新法で「機構」ができ「手数料」が取られるようになると、受入企業にさらなる負担の増加が心配されます。これまでも家賃によるピンハネが増えているなかで、実習生へのしわ寄せが増えないか危惧されます。

＊その後、実習生から「技能検定に関する費用等」を受け取ることを禁じていることがわかりました。(「技能実習制度推進事業等運営基本方針」厚労省)

ミャンマー人はさらに手数料

2015年10月18日、NHKは「外国人技能実習制度で来日した外国人が相次いで実習先から失踪したあと、去年400人以上が難民申請し、なかでもミャンマー人は失踪した人とほぼ同数の100人以上に上っていた」と報道しました。日本の難民認定は認定率0・2%と世界のなかでも極めて低く、実習生が認定される可能性はほとんどありません。しかし難民申請か

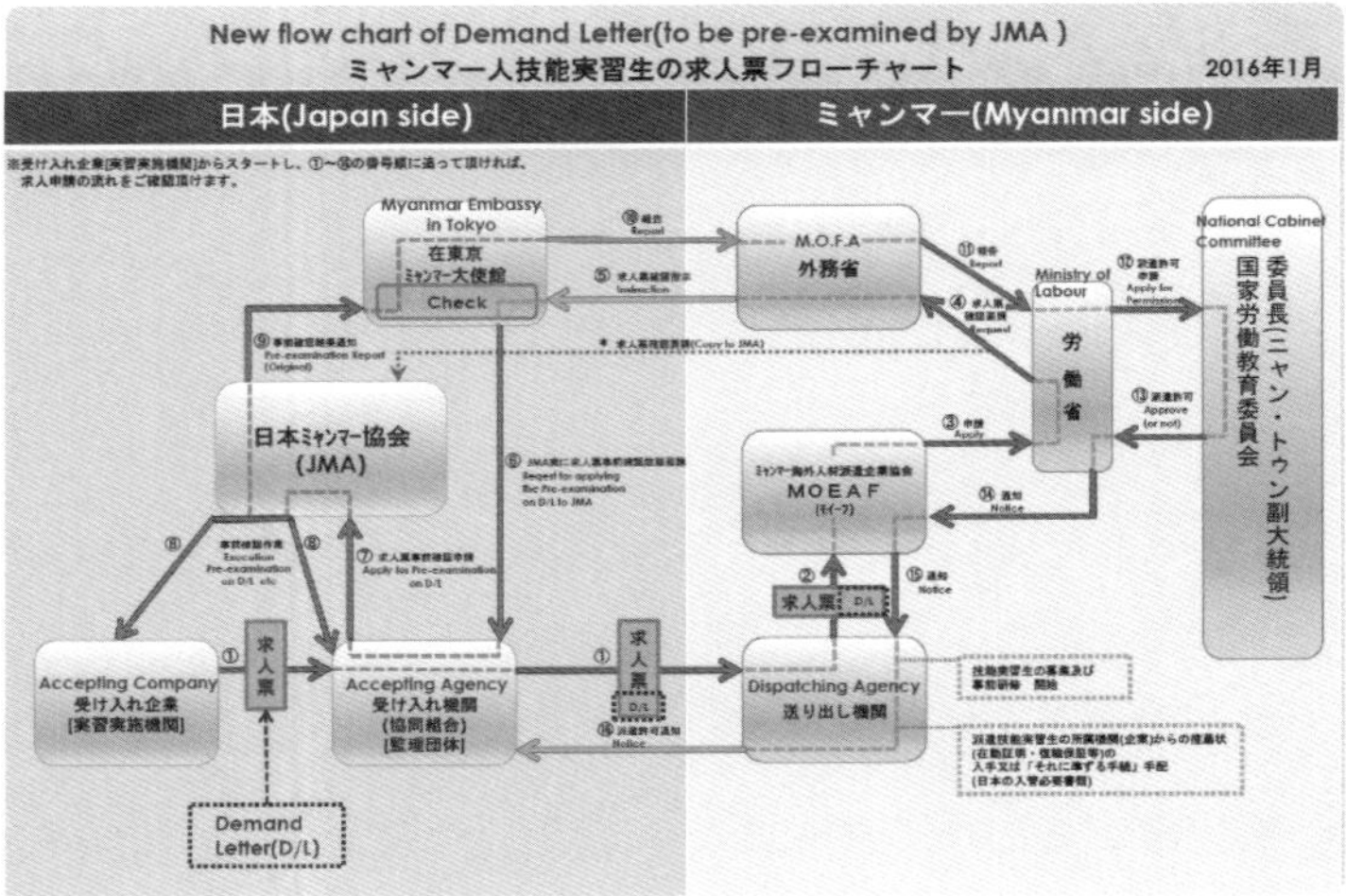

日本ミャンマー協会HPから

ら一定期間がたてば原則として就労が認められます。実習企業の不正や過酷な労働条件で失踪する実習生に声をかけるブローカーもいますが、入国と同時に難民申請する実習生はブローカーが最初からこの目的で連れてきている可能性があります。

これに対してミャンマー政府は2016年1月より日本ミャンマー協会（名誉会長・中曽根康弘、最高顧問・麻生太郎）を通して求人票等の事前審査・確認を行うこととなりました。ミャンマー人実習生を受け入れるためには、これまでの受入団体への監理費に加えて「ミャンマー人技能実習生育成会」への入会金5万円と年会費5万円及び審査手数料（3人まで1万円）を払う必要が出てきました。

技能実習制度には、次々とビジネスチャン

スを求めるやつらが現れてきます。

「相談」ではなく「申告」できる仕組みを

実習生問題の多くは労働問題です。2010年の制度改正で1年目から労働法の適用になりました。しかし、これだけ問題があるにもかかわらず、外国人実習生の申告は多くありません。一つには言葉の問題があります。「SNS外国人実習生相談室」ではスマホを活用してなんとかしてきましたが、行政はネットの利用には腰が引けています。

一方、制度としては法務省とその他の省の間の無責任さがあります。法務省は、入国させない、帰国させるが本職で、国内での不祥事は受け入れを拡大した経産省や国交省などの責任だと言うのでしょう。労働問題を監督する厚労省には多言語対応の予算も少なく、わずかな相談体制しかありません。労基署は基本的に労働基準法違反しか受け付けません。実習制度を理解している監督官に出会える可能性は極めてまれです。平日に会社を休んで労基署に行っても嘱託の労働相談員がどこまで理解し、「申告」にしてもらえるでしょうか。空振りに終わったら強制帰国されかねません。

「SNS外国人実習生相談室」には、夜な夜なメールが飛び交っています。そのなかに私のフェイスブック・アカウントが書き込まれているものがありました。こうして相談室の情報が流れていたのです。

新制度では実習生が母国語で、土日夜間にも申告できる窓口が必要です。

求められているのは人権感覚

外国人実習制度でいいのか

２０１６年5月15日の『産経新聞』は「外国人技能実習生規定『空文化』新監督機関も実効性に疑問符」として、「失踪多発の背景にあるのは、労働環境の厳しさ」で、「多くの実習生は最低賃金水準で稼働し、賃金未払いなど労働関連法違反も後を絶たない」と書いています。「実習生へのペナルティーだけを厳しくして、受け入れ側への処分が機能しなければ、対策としては不十分」であって、受け入れ先が「旅券を取り上げたり、事前に保証金を徴収したりして実習生を縛るケースも過去には多数あった」。そしてこれらを明確な法令違反とし、「失踪防止に重きを置くあまり、実習生を過剰に管理することになれば本末転倒となってしまう」と指摘しています。

「国際貢献」は実習制度でなく労働力受入制度でも可能です。すでに韓国で行われているように国内労働市場とのバランスを調整しながら、ハローワークなど公的な紹介機関を通じて求人を行うのがいいと思います。

一方、実習生制度を続けるなかでも改善できることはあります。日本政府は二国間協定に消極的ですが、ベトナム政府は送り出し機関に対する規制を始めました。ベトナム労働・傷病兵・社会省副大臣名の公文（No.4732）では「日本の関連法令、技能実習制度についての知識・理解が不足している送り出し機関がある」「日本での実習生の管理が適切でなく、実習生に関わるトラブルの目を発見し適切なタイミングで対処するためのフォローを行っていない送り出し機関がある」として日本の受入機関との協定書を結ぶことを求めています。

そのなかには宿舎の条件として「清潔で安全な生活を送れるようにする」とし、家賃は「1カ月2万円を超えてはならない」「往復旅費は受入機関が負担する」「受入機関は……技能実習生を総合保険に加入させ、その保険料を支払う責任を有する」など、実習生の保護についても明記されていました。しかし法務省は、この公文を聞いていないと答弁しました。

政府は国会で国際貢献を理由に受け入れ国の制限や受け入れ人数の上限を決めることができないと答弁しましたが、こういう内容で二国間協定を結んだ国に限定することは、「国際貢献」の名でも不可能ではありません。

本質的な問題は法務省の人権感覚

各地方の入管担当者は少ない体制のなかでも、誠実に対応してくれています。それでも増え続ける外国人実習生の数と国籍の多様化、ますます巧妙になるブローカーのやり方にまったく追いついていません。そのうえ、「国際貢献」を名目にする技能実習制度は罰則が少なく、調査の多くが任意にならざるを得ないため、十分な取り締まりができないことも事実です。

一方で、政府や本省の在り方については多くの疑問、問題点があります。この間の事件で法務省の対応は、実習生が一度逃げたら職種偽装があっても正当な理由として認めない、受入企業が見つかっても、いつまでも許可も不許可もせずに調査期間のめどすら言わないというものでした。在留審査の標準期間は1週間から長くて1カ月とされており、法務省のこのような引き延ばしは行政の不作為であり、人権侵害のそしりを免れません。愛労連は愛知県弁護士会の前会長、元会長等の賛同を得て法務省の不作為を日弁連に人権救済申し立てしました。2016年8月末には予備審査を行うことになったと連絡がありました。今後事実確認の機会などにいつ不正処分が行われたのか聞こうと思います。

タン君の事件で明らかになったように、実習生が正当な理由を認めさせるのがいかに困難か、その原因は法務省の姿勢にあります。「直ちに在留資格を取り消すことができる」という入管法改正案は「不正をなくすより逃がさないようにする」というのが本音でしょう。法務委員会で階衆院議員が「制度を運用する人権感覚があるかどうか」と指摘しました。法務省に人権感覚がないようでは、新しい機構ができても外国人実習制度はいつまでも〝奴隷労働〟のそしりを免れないと思います。

外国人労働者も同じ人間として

建設業外国人問題で対応された国交省担当者の所属は「労働資材対策室」でした。かつてスイスの作家マックス・フリッシュが「我々は労働力を呼んだが、やって来たのは人間だった」と述べましたが、日本では「労働力」どころか「労働資材」です。いま私たちに求められているのは、同じ人間としての外国人労働者の受け入れです。

バブルで日本経済が潤い、円高で海外旅行が安くなった時に多くの日本人が海外に出かけました。私の経験でも「ダンタイ・カンコー」と言えば欧州の空港で通用し、アジアでは「シャチョーサン」「ヤスイヨー」「センエン」と声をかけられたこともありました。しかし観光旅行で得られるものは、その国のすばらしさの一部でしかありません。いま私たちが「爆買い」に訪れる外国人を見ているのと同じように、冷めた目で見られていたことでしょう。

外国人実習生と一緒に働くこと、悩みや相談に乗ることで得られるものはまったく違います。言葉や生活習慣は違って同じ人間だということを肌で感じることができます。片言の日本語であっても、労働の現場で一緒に価値を生み出すことは、人間として最も共感しうることだと思います。それが技能実習制度の抱える問題点、不十分さで、逆に日本を嫌いになって帰国するのはとても悲しいことです。

「フェイスブック相談室」の協力者たち

私はこの「フェイスブック相談室」を始めたことで、多くの友人を作ることができました。留学生のユキちゃん、ハイ君は寝る時間を減らしてみんなの言葉を日本語にしてくれました。仕事についたタン君も時間があれば手伝ってくれます。日本語しかできない私でも、留学生や母国の日本語学校の友達をグループごとに登録して、相談に対応できています。フェイスブックページで呼びかけた通訳協力者は10人になりますが、全国どころかベトナムからも協力してくれています。以前はメールで数日かかった翻訳も、今ではチャットで翻訳してくれます。

そして「岐阜アパレル」の事件では、一度も会ったことのない実習生たちの相談を3社同時に受けて、フェイスブックだけで申告書と証拠を集め労基署に申告することができました。実習生が手書きした申告書を写真で送り、翻訳を付けて労基署に提出することもできるようになりました。これでも受理されます。以前は一件ずつ土日を使って金山駅のコンコースで待ち合わせましたが、今では佐賀県の相談にも乗ることができています。

さらに広がる実習生からの相談

その後も「フェイスブック相談室」は増え続けています。岐阜アパレルでは7件で労基署の監督指導が行われ、さらに愛知県側でも2件の相談・申告があります。全国からの相談もあり、佐賀、兵庫、大阪、京都、山梨からの相談は現地の県労連や支援者と協力して相談に乗っています。

岐阜アパレルの最初の3件は全員が福井県の会社に移動し、とても明るく働いている様子がフェイスブックで伝わってきます。解雇したまま何の連絡もよこさず、1円も払わない〈Y縫製〉は司法の力を借りることになりました。4社目の3人は労基署の指導通り支払われ移籍できましたが、残念ながら1名は帰国になりました。帰国後に「保証金を返してもらえない」という連絡がありましたが、これも無事解決できました。

2016年11月13日には5件目の実習生6名が記者会見を行い、岐阜アパレルの実態を訴えました。

参院での論戦と新法の成立

不正や脅しに屈しない彼女たちの頑張りは参議院でも紹介されました。日本共産党の仁比総平議員は本会議で岐阜アパレル問題を取り上げ、世耕経産大臣に「今回の事案を受けて、関係府省と連携して岐阜県における実態を調査してまいります」と約束させました。最後の法務委員会では審議官が「アパレル企業から縫製企業に対する縫製工賃単価の切下げが行われているのか、最低工賃が引き上げられた際に発注工賃がきちんと引き上げられているのかどうか、……経済産業省からも取引対価の決定に当たりまして下請事業者との協議の上で適切な労務費を含めるよう業界団体等要請しておりますが、このような協議が行われているのか」「速やかに調査を実施する」と答弁しました。これでやっと岐阜アパレル不正について全面的な調査が行われると思われます。

参考人陳述では神戸大学の斉藤善久准教授が、ベトナムで送り出し機関と実習生の実態を調査してきた経験から、高額な授業料、手数料、そして日本では禁止されているはずの保証金の実態について現地の実態を報告しました。与党推薦の参考人が政府のシナリオ通りの陳述をしたのに対し、斉藤教授の報告がズバッと切り込みました。二国間協定の必要性が明らかになりました。

仁比議員は、タン君事件の例をあげて派遣会社など営利組織が介在する実態を追及しました。これには入管局長が「監理団体が行う業務のうち、監査や訪問指導など、まさに監理業務の根幹を成す部分につきましては、監理団体が自ら行う必要がある」、「このような業務を監理団体が外部の機関に言わば丸投げしているような場合には、それは監理する体制を有していないとして不正行為に該当する」と答弁し、今後の省令・基準で具体化されることになりました。

今後の取り組み

法務委員会通過翌日の『朝日新聞』（2016・11・18）は「技能実習　過酷労働の闇」と岐阜アパレルの実態を大きく報じました。さらにこの記事は「朝日web」で全国に配信され、SNSでも拡散されています。

法案そのものは衆議院で一部修正があっただけで、ほぼ原案通りで成立しました。しかし衆参両法務委員会で次々と問題点が指摘されたため、可決はされたものの8ページ10項目に及ぶ附帯決議が付けられることとなりました。2017年4月にも施行が予定されることから早々に具体的な基準を定める省令のパブコメが行われました。国会での答弁とこの附帯決議が実効あるものとなるよう厳しくチェックしていく必要があります。

年明けから岐阜アパレルがマスコミに

2017年1月28日に、NHK『NEXT未来のために』で「縫えないほころび　外国人技能実習生と繊維の町」として、最低賃金が払えない岐阜縫製業の工賃の実態を明らかにしました。岐阜縫製業全体の問題を取り上げたのは初めてです。

『朝日新聞』(2017・2・2)は「縫製工賃 実態調査へ経産省 技能実習違反を巡り」と経産省の調査を記事に、同3日には『中日新聞』岐阜県内版で「ベトナム人6人の実習先確保を要請 不当解雇で全労連」と地元紙でも、やっと問題が報じられるようになってきました。

支援の広がり

ベトナムではフェイスブックが広く使われており、岐阜アパレルの実習生たちが友達に呼びかけたことで、実習生問題は日本とベトナムの社会で大きく広がっていきました。畑野君枝衆院議員の質問や、世耕大臣の答弁映像は1万回以上再生されました。

クミアイ事務所でブローカーが「なんでローキ(労基署)!」と実習生を恫喝している場面がスマホに流れてきたように、ライブ動画もよく使われています。給与明細を渡さない、残業簿を隠蔽・改ざんするなどの会社もあるので、写真やビデオが証拠としてとても有効です。なにしろ私はベトナム語がまったくわからないので、写真で送ってもらえると労基署・入管への説明に助かります。また実習生・支援者・通訳の共通認識を作るのにとても便利です。

スマホを真ん中に置いて、フェイスブック電話で通訳してもらうこともできます。時間さえ合えば全国どこからでも、ベトナムからでも通話料無料で話すことができます。N社との交渉では埼玉県のYさんに通訳してもらい、とても助かりました。

「フェイスブック相談室」は、今や20を超えています。実習生は漢字が苦手ですので、ひらがなで単語を並べたり、日本人同士のやり取りは少なくするなどの配慮は必要ですが、難しいことはありません。SNSを通じて多くの人の力が集まり、理不尽な不当労働を強いられている外国人実習生たちを一人でも多く助けることができればと願っています。

[編者略歴]
榑松 佐一（くれまつ・さいち）
愛知県労働組合総連合（愛労連）議長。
1956年生まれ。1978年名古屋大学理学部卒業後、現コープあいちに就職。在職中に日本福祉大学大学院情報・経営開発研究科修士課程を修了。2000年から愛労連事務局長を経て09年から現職。07年のトヨタ下請企業でのベトナム人研修生事件を機に相談を受ける。著書に『トヨタの足元で』（2008年風媒社）、『外国人実習生支援ガイド』（2010年かもがわ出版）。

装幀◎澤口　環

ニッポン最暗黒労働事情　外国人実習生「SNS相談室」より

2017年3月15日　第1刷発行　（定価はカバーに表示してあります）

著　者　榑松　佐一

発行者　山口　章

発行所　名古屋市中区上前津2-9-14　久野ビル
振替 00880-5-5616 電話 052-331-0008
http://www.fubaisha.com/
風媒社

＊印刷・製本／モリモト印刷
乱丁本・落丁本はお取り替えいたします。
ISBN978-4-8331-1117-1